和云峰 著

学会 自己长大（白金修订版）

长江出版传媒 长江文艺出版社

序
——
学会自己长大

关于成长，我一直怀着深深的敬意，自《学会自己长大》出版到现在快 6 年了，这 6 年我和上万名读者同学交流，看到了更多人的成长和问题。在今天移动互联网的信息时代，一切变化太快，学习和成长的环境和要求也发生了巨大的变化，在这样一个"变化是唯一不变"的时代，唯有面向未来，立足当下，学会自己长大，才能适应时代的发展，让自己有竞争力！

《学会自己长大》是我做了数十万人讲座和分享后的思考，正如那句话"你可以不成功，但不能不成长"，只要我们还有生命，就一定会成长，而成长为什么样子，我们每个人则不相同。我们常常羡慕别人的优点和成绩，唯独忽略了自己的，一比较就出现了落差，当你无法面对落差时，它成了你成长的刽子手；当你能坦然面对，更去利用它时，它又成了你成长的动力。随着成长，我们的认知圈会不断扩大，会遇到各种各样的问题，关于青春和成长，我们逃不开七类问题——自我问题、学习问题、情绪问题、行为问题、人际关系问题、情感问题和目标生涯规划问题。我一直认为问题意味着进步的机会，解决了问题就是一种进步，我们要成长就会突破原来的"空间"进入更大的"空间"，在新的"空间"就会遇到新的问题。

很多同学在遇到问题时，总渴望外界有人能够给予帮助，仿佛外人总有一副"灵丹妙药"，能够解决自己的问题，但每个人的问题各不相同——即使问题相同，出现问题的人与环境又不同。这样的万能钥匙很难寻到，我一直信奉"答案不在别人身上"，自己的问题答案始终在自己身上。今天的我们缺少的不是单纯的方法，而是缺少发现问题、面对问题、分析问题和解决问题的能力。你可能看过不少解决问题的书籍，但你照做了还是有很多问题，我不太喜欢直接给"答案"的书籍，更何况所给的答案又未必是你所需要的答案。

"自己是一切的根源"，在"互联网+"时代，"连接"和"数据"是它的两大核心，只要我们愿意，我们可以和任何人连接，能够在互联网上获得我们想要的内容；在今天和未来，你会越来越成为"中心"，"学会自己长大"会越来越重要。也正是在这样一个时代背景下，我重新梳理了《学会自己长大》，我希望大家能够在"互联网+"的新时代学会自己长大。同时，在原来的基础上，经过近5年和上万名同学一对一交流和指导，加上我自己在"互联网+"下学习和成长的实践和研究，要完成当初对很多读者和同学的承诺，将《学会自己长大》的系列完成！

在《学会自己长大》系列中，我将向大家展示一个全新的思考和成长体系：面向未来，在"互联网+"时代，我们该具备什么样的思维方式？在现在和未来有竞争力，要求我们具备什么样的能力？要想获得这些思考方式和能力，该如何锻炼和培养？

我一直秉持这样一个观念：学习，一切在于自己！你可以把一匹马牵到水跟前，却无法让它饮水；你可以将一个人带到教材跟前，但不能逼他思考。正如世界上最好的老师也受学生的支配，如果老师给学生提供的东西学生不去学，那他什么也教不了。所以说，自己是一切的根源，再好的方法也需要你的执行！

我觉得一本书最大的价值不是告诉你解决这个问题用什么方法，而是教给你针对自己的问题如何思考，如何分析自己的问题，如何找到自己出问题的原因，然后针对原因找到解决的办法，最后也是最重要的就是自己的行动，有千百个好想法不行动不落实也是没有用的。

这些年，我一直在反思自己的学习和成长，为什么我能适应这个时代的学习和发展，难道仅仅我一个人的专业是计算机吗？为什么我在高中比大多数人学得轻松？为什么到了大学我依然可以学得那么自如？今天很多人讲跨界，专业上我跨了几个，工作和创业更是跨了多个行业，为什么会如此？……在这套书籍中，我也都会给大家一一分析。

我想给大家一个与众不同的《学会自己长大》，希望它能成为大家青春和成长的一部分，这本书不仅仅有文字，还有我关于学习和成长的视频和音频。在书中，你可以记录每章的阅读感受，还可以通过扫描二维码看我在"成长家园"(growhome) 微信公众号中更多关于学习和成长的内容，还可以看到我讲的视频和音频。时代已经发生变化，我们无法阻挡趋势，既然互联网已经成为我们生活的一部分，那我们就可以利用这个工具和思维更好地成长！

在未来，我想在全国发起"学会自己长大"行动，建立"学会自己长大"社群，帮助大家更好地学习和成长，希望这套书会是一个纽带，连接着更多愿意成为更优秀自己的你！

说实话，没有人希望遇到问题，可是我们要成长就一定会遇到问题，既然我们无法逃避问题，那我们就面对问题。遇到问题不是一味地向别人要方法要答案，而是自己主动寻找方法，要思考反思，要从自身找原因。当你学会了自己寻找解决问题的方法时，你就获得了主动权，从而掌握了明天。在你分析和解决问题时，请遵循三个原则：

原则一：平复情绪——在遇到问题时，尽可能平复自己的情绪，冲动是魔鬼；

原则二：自己是根源——在分析原因时，尽可能把自己当作一切的根源，不要把原因归结到别人和其他因素上；尽可能从自身找原因，找出改善这个问题自己可以做的方面；

原则三：重复乃至成为习惯——解决问题，最后还是要落实到行动上，一旦你找到问题根源，有了解决办法，就要坚定不移地做下去。不断重复下去形成习惯，把解决该问题的方法形成习惯，把寻找方法的过程形成习惯，把解决方法的过程形成习惯，把解决问题的坚持形成习惯。

扫描二维码，跟和博士一起交流学习和成长

1
Part one

停下来，重新认识你自己

第一章　谁动摇了你的心？——坚定真实的自己 － 002

你在意什么？ － 003
什么影响了你？ － 005
你身上贴着什么"标签"？ － 007
别让"标签"害了你 － 009
外界的标签并不能阻止你变得强大 － 011

第二章　其实你不用自卑——正确评价自己 － 015

你用什么方式看问题？ － 016
自卑的背后是什么？ － 018
神秘的"ABC"理论 － 020
塑造积极的自己 － 023

第三章　成绩代表一切吗？——找到自己的价值 － 025

如何看待成绩 － 026
成绩之外的世界 － 028
你的价值是什么？ － 029
寻找你的优势 － 031

2
Part two

学习是成长中绕不过的坎儿

第一章　读书无用？——学习观念 － 036

上学还有用吗？ － 037
别被富豪的学历欺骗了 － 039
读书无用是谁的借口？ － 041
观念错了，越努力越痛苦 － 043
面向未来和成功的学习观念 － 045
学习是为了什么？ － 047
通过头脑风暴寻找学习动力 － 050

第二章　大局已定，努力还有用吗？——学习态度 - 052

那些过程比结果更有价值 - 053
放弃的是什么？ - 055
别人不会在意你的放弃 - 057
你能创造出机会 - 059
只要坚持就有希望 - 061
改变学习态度的七条建议 - 063

第三章　努力了，为何没有好成绩？——学习方法 - 066

方向比努力更重要 - 067
为什么没能得到高分？ - 069
学习方法的秘密 - 071
按部就班就是最快的学习方法 - 080
提高成绩的九个绝招 - 082

3

Part three

糟糕的情绪，到底该拿你怎么办

第一章　限制自己发挥的无形魔手——考试焦虑 - 088

你在害怕什么？ - 089
小心不合理的信念 - 091
"心想事成"的魔力 - 093
关键时刻掉链子的原因 - 095
关键时刻超常发挥的秘密 - 097
调整考试心态的六大方法 - 099
这些准备帮你赢得考试 - 102

第二章　你怎么可以比我优秀？——羡慕嫉妒恨 - 104

揭开"魔鬼"的外衣 - 105
为什么会嫉妒？ - 110
别人的优秀不妨碍你的成功 - 112
处理"羡慕嫉妒恨"的八大魔法 - 114

4
Part four

明知不对，可为什么总是管不住自己

第一章　事到临头才想起，你还有多少时间？——拖拉 - 120

我们生活在拖拉的世界中 — 121
为何做事会拖拉？ — 125
你的时间哪儿去了？ — 128
时间管理七大原则 — 131
专注和平衡——让自己更有效率 — 136
摆脱拖拉的十条魔法 — 138

第二章　看清脚下的路，不要南辕北辙——逆反 - 142

逆反不是你的专利 — 143
宽容还是纵容！ — 146
能否心怀感激？ — 148
你是否注重方式？ — 150
抑制冲动的五条建议 — 151

第三章　你看得清"虚拟世界"的自己吗？——网络成瘾 - 154

网瘾背后的秘密 — 155
为何好的事情很难上"瘾"？ — 158
"网瘾"的问题不在"网" — 159
不要把责任推到应试教育身上 — 160
走出"上瘾"的十条魔法 — 161

5
Part five

头疼的人际问题，该对谁说心里话

第一章　莫做没水喝的和尚——同伴关系 - 168

错位的同学关系 — 169
不想失去却又不得不忍受 — 171
不要陷入自恋的幻觉 — 173
你需要什么样的朋友？ — 175
三个和尚真的没水喝吗？ — 179
向"大雁"学习 — 181

人际交往中的黄金法则和白金法则 — 183

第二章　老师是伯乐还是"敌人"？——师生关系 - 185

你没有想过的另一面 — 186
错位的师生关系，到底谁的错？ — 188
老师也会成为你的"伯乐" — 190
即使有"伯乐"，你也得是"千里马" — 192
读懂老师的心 — 194
那些让你无奈的老师怎么办？ — 196
世界因你而不同——和谐师生关系的六条建议 — 198

第三章　家，如何成为避风的港湾？——亲子关系 - 200

我想有个家 — 201
你了解自己的父母吗？ — 203
爱可以重来——温馨家庭的五大建议 — 206

6
Part six

青涩的恋情，想躲却躲不开

第一章　莫名的就是喜欢你——青涩恋情 - 210

青春期你需要知道的事 — 211
性意识是这样发展的 — 213
这并不是早恋 — 216
你要明白的"情"和"事" — 220
喜欢也可以成为动力 — 222

第二章　爱你还是伤害你？——爱的困惑 - 224

当"爱"成了伤害 — 225
网络背后伤人的"爱" — 228
"空虚"不是借口，"潮流"不是理由——性的误区 — 230
爱的另一面也是爱 — 233

7

Part seven

面对未来，学会自己长大

第一章　莫让自己蒙着眼睛走路——目标 - 238

你知道自己要什么吗？— 239
梦想不是直线— 241
准备赢得一切— 243
寻找目标的精灵法则— 245
书写的力量— 248
七步确定和实现目标— 250

第二章　莫让自己陷入选择的误区——选择 - 252

选择的痛苦：没有选择，还是选择太多？— 253
放弃是一种智慧— 255
愚公移山还是移人？— 257
变通，让你的目标更现实— 258
我的前途我决定— 260
选择成就明天— 262

第三章　学会自己长大 - 264

改变别人不如改变自己— 265
别为自己设限— 267
知道还要做到— 269
习惯帮你实现梦想— 271

后记：我正在发起全国"学会自己长大"行动！— 277
附录：工具索引— 279
致谢— 280
名人推荐— 281

青春

是最美好的遇见

小小的一根火柴，点亮你的同时，更照亮了周围，
世界也因你而多了光和温暖。

Part

one

停下来，重新认识你自己

成长的路上，最难明白、最难看透的就是自我问题。世界上没有相同的两片叶子，同样也没有完全相同的两个人。你很容易看到别人的问题，却看不清自己的；你常常羡慕别人的优点和成绩，唯独忽略了自己的。也许你还困扰在自身的缺陷中；也许你还迷惘在别人的眼光中；也许你还在模仿着别人，在别人的声音中徘徊；也许……停下！从现在开始，聆听一下自己内心的声音，也许，你会发现不一样的自己。

第一章

Part

谁动摇了你的心？ ——坚定真实的自己

我真的不行吗？

【对话和博士】

和博士，以前我是老师眼里的优等生，同学眼中的佼佼者。当我以优异的成绩考入重点中学后，高一的一年将我所有的自尊击碎了。第一次没考好时，我告诉自己，这只是暂时的；第二次没考好时，我依然告诉自己，我能行；可是，第三次，第四次……当老师关注的目光不再属于我，当同学敬佩、羡慕的眼神渐渐远离我，当父母不再把称赞和荣耀挂在口头时，我彻底迷惘了，我不知所措，难道我真的没法适应高中学习，无法学习好吗？整整一年，一次又一次的失败，同学、老师、父母那无声的叹息，真的暗示了我的命运吗？

你在意什么？

　　我想没有人没遭遇过困难、经历过失败，困难、挫折是我们成长的一部分，一个人势必在挫折中成长。中学阶段我也经历了不少失败，成绩也是起伏不定，甚至高考落榜。落榜后，我几乎要放弃，不敢找班里同学，不敢拜访老师，甚至不敢面对父母，只想把自己关起来。其实，遇到挫折难免产生挫败甚至放弃心理，失败不可怕，可怕的是放弃。

　　"逃避痛苦追求快乐"是我们的天性，有逃避放弃的想法并不可耻。在成长的过程中，多数人都动摇过，正如风吹来树会摇动，只要不倒不折就没问题，动摇但不至放弃。

　　我觉得你关注动摇的事实倒不如关注动摇的原因，很多原因并不像你表面上看到的那么简单。

　　这个高一男孩，看似被一次又一次的考试失利所影响，实则是因为老师、同学、父母对自己不再在意，让他失去了那种自豪感，这才是他难过的真正原因。遭遇失败时，我们常忽略了失败背后的原因，而过分在意失败后别人对自己的看法。

　　我更希望这个男孩回到自己"失败"的事情上，什么导致了考试不理想？题目没做对得不到分数，那为什么没有做对题目，是因为不会做，还是自己"粗心"了？当他关注这些时，大脑就不会胡思乱想；只有当他把注意力集中到找问题和解决问题上，才能找到走出困境的方法。别人的看法对他会产生影响，但别人怎么看他并不能帮他解决问题。他不应该怀疑自己的能力，因为以往他已经证明过自己是很棒的。

　　此时，我想问下你有在意的东西吗？（见表1—1）在意老师对你的看法，希望老师能够表扬你？在意同学对你的看法，希望同学能够敬佩、羡慕你？在意父母对你的看法，希望父母能够以自己为荣？你会在意什么？我希望你能静下心想一想。

表 1-1　你在意的事情是
1.
2.
3.　·
4.

你有没有想过自己为什么会在意这些事情？（见表 1-2）是因为害怕失去某些东西，还是因为害怕不被认可？还是……我建议你思考下，听听内心的声音，如果在意是因为害怕，弄清楚害怕什么后有利于你面对害怕，同时，也有利于你走出困境。

表 1-2　你在意的原因是
1.
2.
3.
4.

什么影响了你？

　　是真的不行吗？一个学期不断遭受打击的同学有很多，我想这不是不行的原因，而是陷入了恶性的循环。从小学升到初中或由初中升到高中有了落差，自己不能接受那样的结果，然后开始在意别人的看法，而越是在意，越想扭转这种局面，结果就越发看不到自己学习中出问题的原因。这样一来不仅没有解决问题，反而出现了很多新问题，于是不断恶化下去。如果静下心来好好思考原因，我想结果不至于这么"糟"，最不济的情况，即使真的第一年没能学好，那就好好总结下，在接下来的两年改进也来得及。

　　世界上存在两种现实——我们认为的样子和它们实际上的样子。由于我们的经验、观念和思维方式不同，看到的结果也不同，这在心理学中叫"认知扭曲"，是我们的大脑给本为中性的事实加上了不恰当的理解，用公式表述为：

中性的事实 + 情绪化的诠释 = 扭曲的事实

　　心理学中有两种典型的现象：一种叫作"泛化"，是说当一件事情发生后，就认为它会反复发生，比如失败几次后就觉得自己还将失败，这在心理学中还有一个解释叫作"自我实现的预言"，当你给自己一种"行"或"不行"的评价时，结果就应运而生。另一种叫作"自我末日宣判"，是指夸大事实，尤其是将一个小小的失败无限夸大，似乎它就是世界末日，其实那些只不过是学习和生活中正常的起伏。所以，千万不要自我否定。

　　有句话很有意思："如果有一个人告诉你你是一匹马，那是他疯了。如果有三个人告诉你你是一匹马，那他们一定是在酝酿一场阴谋。如果有十个人告诉你你是一匹马，那你就该买个鞍座了。"有些问题的答案，或许不是你想象的那样，只是你被外界催眠了。

　　我发现绝大多数同学都很在意别人的看法，更要命的是他们会因为别人的看法，而改变自己。我们来看这样一个实验：

实验者将4只猴子放在一个房间内，房子的中间有一根很高的柱子，柱子顶端悬挂着一串非常诱"猴"的香蕉，饥饿的猴子看到香蕉，"蹭蹭蹭"就爬上柱子，当伸出爪子要拿香蕉时，实验者拿喷枪用冰冷的水喷猴子，猴子被浇后，惊恐地跳下柱子，恐惧地放弃了香蕉，其他猴子够香蕉时，也受到了同样的"待遇"。最后，4只猴子在下边"吱吱吱"地交流着，但没有一只猴子敢去够香蕉。这时，实验者把一只猴子牵出去，装进一只新猴子，新猴子看见香蕉后，猴急地就要爬上柱子，就在它要爬上去时，其他的3只猴子，一下子把它拽住，"吱吱"地交流之后，这只猴子在下边流着"哈喇子"眼巴巴地看着香蕉，不敢上去够香蕉了。实验者依次把剩下的3只猴子替换了，最后房间里的4只猴子都没被喷过水，但是，没有一只猴子敢上去够香蕉吃。

　　有时候，我们就像那些新放进来的猴子，由于受到他人的影响，开始怀疑自己，甚至放弃自己。

　　其实，我们最需要的是时间和耐心——用时间来解决问题，用耐心等待成长。从来就没有一蹴而就的事情，当我们给自己尝试的机会后，变化也需要一个过程，耐心等待，结果就会不同。

你身上贴着什么"标签"？

大家都去过超市或商店，待售的商品上都贴着标签，标签上标着它们的价格。你有没有想过自己身上同样也有标签呢？

你会说，我又不是商品，怎么会有标签？其实不然，你身上确实有很多标签。譬如，当你的朋友评价你是热情、开朗、富有同情心的家伙时，你知道了自己原来还有这些优点，而这些评价就成了你身上的"标签"；当你的同学说你是自私、懒惰、没有集体感的家伙时，你可能会反驳，但是，它们也成了你身上的"标签"；当你的老师说你学习就这样了，不可能再有进步时，不管你是否认同，这在你心中起了作用，它也成了你身上的"标签"；当你的父母告诉你"上学有什么用，你也没那个命"时，你的身上又贴上了新的"标签"。最可怕的是，你还会给自己贴上消极的"标签"，譬如"我考试又失败了，我不行""我很容易紧张""我太粗心""我不会""我不是学习的料""我真的不行"等，一旦贴上消极的"标签"，你的人生也将开始消极。

每个人身上都贴着不同的"标签"，而且我们往往会主动寻找别人对自己的评价，这些评价又成了不断更新变化的新"标签"。当你不断遇到挫折和打击时，为了逃避痛苦，你很可能从贴在自己身上的"标签"中，选择一些能够解释自己不断失败这一事实的"标签"，以作为搪塞自己的理由。

很多同学知道《父子骑驴》的寓言，我也讲一个与驴子相关的故事：

有个村庄，住着一个农夫，他有一头驴。有一天，他牵着驴驮了一麻袋土豆去集市上卖。卖完后高高兴兴地牵着驴往家赶，嘴里哼着小曲儿悠哉乐哉。

有个路人看见了，说："这个人可真笨，有驴也不骑！"

他听见了，想："对啊，我怎么没想到啊！"于是，他跳上驴骑着继续赶路，还真的很舒服。

这时，有个老人看见了，骂道："太不像话啦！驴帮你驮了那么多东西，还骑它，不让它休息休息！"

他赶紧跳下来，想："是啊，我太没良心了。"转念又想，我骑不对，不骑也不对。我怎么办呀？！于是，他没法只好抱着驴往前走。

有人又开骂了："这个人是不是脑子有问题啊，怎么抱着驴走路啊！"

他听了气得哇哇叫："我把驴扔下山崖，就没人说我了吧！"说完，他把驴扔下了山崖。

旁人仍旧在说："这个人太傻啦，好端端的怎么把驴给扔了呢？！"

他听了，气向上冲，说："我死了总不会再有人说了吧！！！！"说完，纵身跳下了山崖。

可是，所有路人都说："这个人太不可救药啦，连自己的命都不要啦！！！"

你得明白，无论你身上有多少"标签"，无论别人怎样评价你，做决定的始终都是你自己，能动摇你内心的，不是别人，恰恰是你自己！能做到这一点并不容易，不介意别人看法的人不多。我不是叫你不去理会别人的看法，而是让你在听取外界的不同声音时，更要尊重自己。

总有一天，我会打败对手！
我坚信我有这个潜力！ 加油！

别让"标签"害了你

成长的过程也是构建世界概念的过程，我觉得这个概念更像一种看法——我们对自己的看法、我们对别人的看法和我们对现象和事物的看法。在认知过程中，我们会以自身性格禀赋为背景，开始观察、聆听和尝试。出生后，我们就一直被检视、被讨论、被描述，尤其是针对我们的性情和才华。我们通过感知父母和其他人对我们的兴趣，来判定自己的重要性——也许很多判定并不正确，但不能否定这种方式。虽然我们在大学之前尚未能够描绘出世界的全貌以及自己的价值，但这些早期的描述和经验将是我们自我意识的重要指标。

肯尼斯·克里斯汀在《这辈子只能这样吗？》中提到了一个现象："关于'描述'本身，存在着一个重要的事实：无论如何它们都不会是中立的。所有的描述总是带有评价的意味。"我很认同，正如他在书中讲的那样，我们对于"标签"的回应往往不是字面上的意思，而是这些描述所暗示的部分，这些含蓄的暗示往往会间接变成催眠性的建议影响我们。我们对"标签"的害怕往往不是当下的"事实"，而是害怕它的未来影响，别人给我们的"标签"不只代表着他们对我们的看法，更代表他们对我们的预期。

如果有人给你这样的评价"随和""很棒""懒惰"，那意味着你将来很可能会更随和、更棒、更懒惰。克里斯汀谈到了这样一个例子，假如有人给了你"懒惰"的标签，那么"懒惰"这个词将会引导你：

1. 认为将来自己做事很懒惰；

2. 认为自己是个懒惰的人；

3. 终于不出所料地变懒惰，并导致未来更严重的懒惰。

"被形容成懒惰，等于是将这个概念注入你的认知世界，你将会对这个描述很敏感，不知不觉变成你处理事情的态度。"不管你是否愿意变得更懒惰，你还是很容易受这类信息影响。"你很懒惰"只是解释你懒惰的行为，但这些"标签"却不断以循环的、自我增强的方式影响你，长此以往你就会将"懒惰"视为你的"特质"，如同"中国人就是黄皮肤"那么自然那么理所当然，更重要的是你不想改变了。

事实上，在我们每天众多的想法中，很大一部分是关于自我描述的，比如"我字写得不错""我实在太聪明了""我讨厌整理东西""我不喜欢数学""我喜欢玩游戏""我是个失败的人""我很害羞"等，很可悲的是，我们还做着符合这些描述的行为（好像不这么做，自己的存在就不够确定似的），并且不断强化这个想法。

踏入校门前，我们对世界和自己的认识是肤浅的、零散的、不稳定的，我们所学到的东西，除了来自电视、电脑、书本，就是从我们和家人的相处经验中得来。小学和中学横跨了我们整个童年、少年时期，在这个漫长的成长关键期，我们对世界的印象难免会有所改变。事实上，学校本身就是产生很多决定性改变的地方，很多偏差也在此形成。

我不擅长讲那么多大道理，其实更希望的是你能和我一起思考，事情不像我们想象的那样，对于那些有危害性的"标签"要善于提出异议，不要被那些"标签"所伤害。所以，当你心中冒出一个怀疑的声音时，不妨停下来多思考一会儿，真的是这样的吗？是否有反例呢？是否能有一些好的转机呢？自己能否做点事情改善这种状况呢？自己需要做点什么呢？其实，多思考一点可以将你的忧虑转移，让你更容易找到解决问题的方法。

外界的标签并不能阻止你变得强大

我们动摇的原因往往不是事情的结果，而是我们的想法，也许你会归结于各种"标签"，但最重要的还是因为你没能真正地认识自己。认识自己是人类最难的谜题，但也绝非想象的那样恐怖，从出生到死亡我们一直在认识自己，认识的过程就是学习进步的过程，认识自己没有终止时间，它伴随着你成长的一生。我们需承认认识自己是件困难的事，没有人能够完全认识自己，但幸运的是我们能不断地接近真实的自己，而接近的方法便是思考和反思。

外界的错误"标签"容易让你迷失，而正确的"标签"却可以让你更加了解自己，更坚定你的信念。在学校，学习是第一要务，大家交流的机会不多，更何况很多同学也不乐意听别人唠叨。

如何看待自己是认识自己的第一步。你可以从身体、心理和能力三个方面思考和评价自己。你的身体素质如何？是否健康、体型匀称、身手敏捷、动作协调性好、高矮胖瘦……你的心理状态如何？是积极、乐观、坚强、能承受压力，还是消极、悲观、遇事退缩、不敢面对挑战？你具备哪些能力？是否能控制自己的情绪，有良好的学习能力，有组织能力，独立性强……这些看似简单、看似平常的事情，你几乎没有认真地想过。现在希望你能认真思考并完成下面表格。

工具一：帮助认识自己的"自我评价表"	
你觉得自己在身体上有哪些优势：	
你觉得自己在身体上有哪些不足：	
你对自己身体的看法：	

工具一：帮助认识自己的"自我评价表"	
你觉得自己的心理状态有哪些优势：	
你觉得自己的心理状态有哪些不足：	
你对自己心理状态的看法：	
你具备哪些能力：	
你觉得还应该具备哪些能力：	
你对自己心理状态的看法：	

对自我的评价，最重要的一点是要有自己的立场。现在很多同学都没有自己的原则，我希望大家可以好好思考下自己的原则是什么，一旦你找到了自己的原则或者为自己树立了原则，就要坚持到底。比如，我个人把"绝不闯红灯"作为一个坚持的原则，不管有没有人，红灯当前，坚决停下。一旦你树立了原则，就要让别人知道你做事情的原则，这样别人就不容易碰触你的底线。通常情况下，拥有立场、以原则为重心的人不容易被外界标签所影响。

有句话我要送给大家：走自己的路固然重要，但是也要听听别人的话。

在中学，多数同学最欠缺的恐怕是集体沟通。不太喜欢别人在自己耳旁唠叨，因为你不再是个小孩了，很多道理你也知道。在家，你不太愿意和父母沟通，因为父母的想法和你的总有出入；在学校，你又没有太多的时间跟同学交流，除了学习还是学习，甚至班会都被剥夺了。别人对你有什么评价，大多时候你是猜测的，或者，你知道别人对你的评价，但并不清楚原因。

给你一个好建议：收集你的同学、朋友、老师、父母对你的看法。对于这些看法不要仅仅是猜测，最好能彼此心平气和、不带任何攻击色彩地去交流；同时，弄清楚看法背后隐藏的原因也很重要。尝试着完成下面这个表（表1-3）。

表 1-3 意见收集表		
对象	对你的看法	为什么会有这样的看法
朋友		
同学		
父母		
老师		

别人的看法不一定准确，如果别人对你有误解，尝试着去消除，重新和别人愉快相处。但也不要刻意追求消除误解，因为不是每个人都值得你耗费如此多的精力，凡事只要问心无愧即可。尽量为自己创造一个好的环境，我想你也知道在充斥着误会的环境学习、生活，会很郁闷、很痛苦。

给你一个好建议：有些时候，我们不能阻止别人对自己做不公正的评价，但我们可以做一件更重要的事——我们可以决定不让自己受到那些不公正评价的干扰。

学会识别"标签"，拒绝没有意义的动摇。时刻牢记自己的目标和梦想，因为有了目标你就不会盲目，就会知道自己应该往哪里用力，至少不用像面对空气出拳那样，把所有的力气打出去，却找不到对象。

遇到问题时，你可以借助工具二的"问题选择表"帮你分析，找到解决问题的方法。填写表格，是思考的过程，认真客观地回答每个问题有助于你了解问题，并找到解决方法。我建议你好好掌握这种思考方式和方法，学会一种方法比单纯的答案更重要。

KO!!

我做到了.

我实现了我的梦想，没有什么不可能！

工具二：帮助解决问题的"问题选择表"		
我的问题：		
我的困惑：		
问题可能导致的后果		
后果一：	后果二：	后果三：
解决问题可能的选择		
选择一：	选择二：	选择三：
选择一带来的好处：	选择二带来的好处：	选择三带来的好处：
我的选择：		
选择的原因：		

◇ 第二章 ◇

其实你不用自卑——正确评价自己

你用什么方式看问题？

先做个实验，假如某天你穿得非常漂亮，走进学校后，很多同学看你，你心里会怎么想？你会不会有这样的想法：我脸上没花吧，我有问题吗？因为所有人都注意你，反而让你觉得自己好像哪儿出了问题。当父母、老师夸奖别人时，尤其是父母当着你的面夸奖别人家的孩子时，你自己心里是怎样想的呢？会不会冒出这样一个声音：他在某些方面还不如我呢！你有过这样的经历吗？

其实，每个人心里都有一个问题系统：我们总是很矛盾，既向往美好的事物，又总是寻找美好事物中的缺点；我们渴望完美，却又不断制造缺憾。比如，假如一个女生很漂亮，你会说她很漂亮但是气质不够好；假如出去逛街太拥挤，你会说人太多汽车太多。我们习惯用问题的眼光来看待世界，总是纠结于问题本身，觉得只要把问题解决了，世界就美好了，但事实并非如此。

当我们观察一个事物时，如果我们内心强烈觉得它应该是什么样子时，就会漏掉一些不支持我们的信息。就如同那个高三女孩，其实，在班上不知有多少同学羡慕她，羡慕她学习成绩好，把她当作学习榜样，可是，她并没有看到自己的优点，也没有去感受别人对她的羡慕，她只看到了自己不如别人的地方，并过分夸大了自己的这种感觉，而且又由此推及其他，认为自己各方面都不如别人。

你用什么样的方式观察，就会得到什么样的观察结果。当你觉得自己全身都是问题时，你只会关注自身的问题，而忽略了自己的优点。当然，我们也不喜欢另一种人——自恋的人，假如你总觉得自己比别人好，你就只会找你身上让你满意的地方，你会越看越喜欢，这是另一种极端，太自恋也不是好事。

每个同学都有自己的观察方式，建议大家要多注意自己拥有的，尽量往好的方面看，如此一来，你会发现很多事情并非如你原来看到的那般不幸。同你分享一个故事，看后你会明白很多。

有一位牧师的女儿，她天生就是一位脑性麻痹患者，全身不能正常活动，而且无法言语。然而，她却靠着无比顽强的毅力与信仰的支持，在美国拿到了艺术博士，并到处现身说法，帮助他人。有一次，她应邀到一个场合演"写"（不能讲话的她必须以笔代口）。会后提问时，一个学生当众小声地问："你从小就长成这个样子，请问你怎么看你自己？你都没有怨恨吗？"

这个无心但尖刻的问题，让在场人士无不捏了一把冷汗，担心会深深刺伤她的心。只见她回过头，用粉笔在黑板上吃力地写下了"我怎么看自己"这几个大字。

忽然，教室内鸦雀无声，没有人敢讲话。她笑着再回头看了看大家后，又转过身去继续写着：

一、我很可爱！

二、我的腿很长、很美！

三、爸爸妈妈这么爱我！

四、上帝这么爱我！

五、我会画画！我会写稿！

六、我有只可爱的猫！

七、还有……

她又回过头来静静地看着大家，再回过头去，在黑板上写下了她的结论："我只看我所拥有的，不看我没有的。"

众人安静了几秒后，全场响起了如雷的掌声。

那天，许多人因为她的乐观与坚强而得到激励。这个乐观的脑性麻痹患者是谁？她就是美国南加州大学艺术博士，在台湾开过多次画展的黄美廉女士。

自卑的背后是什么？

看了前面高三女孩的故事，可能有人会说这个女孩太自卑，可是对于自卑你了解多少？一个人如果自卑，一定有很多原因，或许是家庭原因，或许是老师原因，或许是同学原因，总之可以找到很多。很多时候，为了驱走身上的自卑，我们会将这些作为理由，将自卑的原因从自身剥离——"这不是我的错，是外界影响了我！"你可能会觉得自卑是由于长期处在这种环境下才形成的。把自卑的原因归于外界，你可能会感到舒服些，但是，这些解释只是自欺欺人，环境固然重要，可是做出行动的人还是你自己。

前边我提到了很多"标签"，这些"标签"有的正确有的不正确，如果不加以区分，你极可能被标签误导。每个人身上都有一个"筛子"会筛选各种标签，这个"筛子"包含文化的因素，比如通常会认为"不自信是不相信自己的能力，因而失去许多发展自己的机会，最终成为生活的失败者""不自信的人不快乐、不可爱"。但最主要的还是"积极"和"消极"这两个因素。

苏联作家巴乌斯托夫斯基讲过这样一个故事，在某处的海岛上，渔夫们在一块巨大的圆花岗石上刻上了一行题词——纪念所有死在海上和将要死在海上的人们。这题词使巴乌斯托夫斯基感到忧伤。而另一位作家却认为这是一行非常雄壮的题词，他是这样理解那句题词的：纪念那些征服了海和即将征服海的人。

再给大家讲一个小故事：

从前，有一位国王，夜里睡觉做了个梦，梦见山倒了，水枯了，花也谢了！次日醒来，便叫王后给他解梦。王后一听，失色道："国王，大势不好啊，山倒了，是指江山要倒啊；水枯了，是指民众离心啦，君是舟，民是水，水枯了，舟也不能行了呀；花谢了，则是指好景不长了！"国王一听，惊出一身冷汗，从此患病，且愈来愈重。一天，一位大臣来参见国王，见国王病重，就拜问其因由，国王在病榻上说出了他的心事，大臣一听，笑着说："国王啊！这可是好兆头啊，山倒了，是指从此天下太平了啊；水枯了，指真龙现身，国王，你是真龙天子啊；而那花谢了，则更好解释了啊，花谢见果子了呀！"国王顿觉全身轻松，很快痊愈。

很有意思，积极乐观的人在每次危难中都看到了机会，而消极悲观的人在每个机会中都看到了危难。积极乐观者所想的都是可能做到的事情，由于把注意力集中在可能做到的事情上，所以往往能够心想事成。消极悲观者的眼光总是专注在不可能做到的事情上，常常以失败告终。

我们常说自卑者是自我评价低的人，可是自信者就不自卑吗？在奥修的寓言中有这样一个故事：

据说有一天，绝顶聪明的纳斯鲁丁跑来找奥修，非常激动地说："快来帮帮我！"奥修问："发生了什么事，让你难过成这样？"纳斯鲁丁说："我感觉糟糕透了，最近我开始有强烈的不自信，这很糟糕，快告诉我，我要做些什么来消除它。"奥修说："你一直是个很自信的人，发生了什么让你如此不自信了呢？"纳斯鲁丁非常沮丧地说："我发现每个人都像我一样好！"

自信的人也会自卑，因为自信的人也会害怕失去。心理学认为，人的成就恰好是自卑心的作用，人寻求卓越正是对自卑的一种补偿行为。说得很有道理，因为有不足才去弥补，这恰恰是一种动力。就如同我们如何看待问题一样，问题是好还是坏，积极的人与消极的人会有截然不同的答案。当你倾向于积极的答案时，你会发现问题是进步的机会，解决了问题你就进步了。

没有人十全十美，每个人有缺点也有优点，重要的是自己肯接纳自己。人最大的痛苦是比较，因为总是喜欢拿自己的短处去比较别人的长处，结果越比越短，自己反而更难受；或者拿自己的长处去比别人的短处，结果目无他人，盲目自信，伤了别人也伤了自己。关于比较，我是这样看的：同别人相比是横向，看的是差距，说明自己还有很大的提升空间；同自己相比是纵向，看的是进步，说明自己取得了进步，让自己拥有再次前进的动力。

成长中的你，有进步也会有退步，当下的差距意味着进步的空间，现在的优秀意味着过去做得好，但明天还需要积极努力。所以接受当下，面向未来，无论如何，你都需要正确地评价自己。

神秘的"ABC"理论

A 是指诱发性事件；

B 是指个体在遇到诱发事件之后相应而生的信念，即他对这一事件的看法、解释和评价；

C 是指特定情景下，个体产生的情绪及行为结果。

对于一个事件发生后产生的行为结果或情绪，通常有三种看法：

第一种看法：事件发生后，产生的结果或情绪，仅取决于这件事本身，而和人们的看法、解释、评价、态度、认知和信念等没有关系；

第二种看法：事件发生后，产生的行为结果或个人的情绪反应，仅取决于人们对这件事的看法、解释、评价、态度、认知和信念等，而和这件事本身没有关系；

第三种看法：事件发生后，产生的结果或情绪，不仅和这件事本身相关，而且和他人对这件事的看法、解释、评价、态度、认知和信念等相关。

你选择哪个答案？

美国临床心理学家阿尔伯特·艾利斯有一个著名的 ABC 情绪认知理论，它的核心观点是：一个事件发生后所产生的情绪及行为结果，并不取决于事件本身，而是取决于人们对于这一事件的看法、解释、评价、态度、认知和信念。

我们来看一个在学校常遇到的现象。

距离大考只有 20 天了，这次考试很重要，大家掌握的知识差不多，但心态不同。一部分同学认为，只剩下 20 天了，可是还有很多知识点没有复习，还有很多题没做，来不及了，到了考场万一遇到自己不会的题目……20 天不够啊，怎么办？怎么办？惶恐不安。还有一部分同学则认为，还剩 20 天，时间确实不多了，我还有不少知识点没有复习，很多题目没做；不过还有 20 天呢，我每天复习 3 个知识点，20 天就有 60 个，每天做 10 道不同类型的题目，20 天就是 200 道，可以提高很多呢，看来还是完全可以的，加油！

20 天后大考，惶恐不安的同学果然没有考好，最后这类同学就有了结论：果然是因为时间不够，我没有复习好，当然就考不好了。而继续加油复习的同学，果然考试有进步，于是，他们也总结了经验：看来 20 天还真可以提升很多呢，多学点就多些进步，完全来得及，不错。

同学们请记住：事情本身是中性的，它并不影响人，人们只受到对事物看法的影响。事情是中性的，也许你这次考试不好，但不代表下次考不好，也许时间紧迫，但再紧迫还是有时间能让你提升的，关键在于你怎么选择，拥有怎样的心态。

心态"岔路口"：积极 or 消极

"有两个人从铁窗朝外望去，一个人看到的是满地的泥泞，另一个人却看到满天的繁星。"

积极是一种态度，所谓的积极心态，简单说就是能够朝着正面思考问题的一种心态，对于未来不可知的事情，抱着往好处想的一种心理状态。在面对学习、生活、问题、困难、挫折、挑战和责任时，从正面去想，从积极的一面去想，从可能成功的一面去想，积极采取行动，努力去做。

消极也是一种态度，所谓的消极心态，简单说就是容易向负面思考的一种心态，对于未来不可知的事情，抱着往坏处想的一种心理状态。因为自身因素或受同学、老师、父母、朋友等外在因素的影响，不满意自身条件或能力，进而造成自信心的缺失，这是一种在学习和生活中

内心的迷茫才是真正的累。

逐渐形成的、又会对学习和生活产生消极影响的心理状态。

积极心态和消极心态最具威力的地方在于让人形成了良性循环和恶性循环，如果你持有积极心态，你会进入良性循环；一旦你持有了消极心态，便会进入恶性循环。

积极的人在每一次忧患中都看到一个机会，而消极的人在每个机会中都看到某种忧患。

无论是在学校还是在家里，我们每天都在成长，都在面对一个又一个问题，而面对问题，不同的同学会有不同的选择，人生的分水岭也在这选择中产生。

塑造积极的自己

　　每个人都有自己的长处，也远比自己想象中的要好，因为无法正确地看待自己、评价自己，才出现了各种问题。正确评价自己，我给你的建议是：以积极的方式看待自己，用积极的"筛子"去"筛选"外界对你的评价。真正的缺点，那是帮助你进步的机会；假如有人误解了你的优点，那没关系，你可以主动些，既然你是金子何愁不发光？！

　　积极地看待自己总比消极地看待自己有好处，有时候做下阿Q不一定是坏事！你可以利用以下工具表进行思考，相信会有一些启发，试试吧！

工具三：帮助认识自己的"自我评价表"	
对待消极评价的思考	你遇到问题时，会往好的方面思考还是坏的方面思考：
	你什么时候容易产生消极想法或评价：
	你觉得产生消极想法或评价的原因：
	当你产生消极想法或评价时你通常会做什么：
	当你产生消极想法或评价后，你摆脱这种情况的办法：

工具三：帮助认识自己的"自我评价表"	
第一步：产生消极想法或评价后，写出这些消极想法或评价：	
第二步：请写出产生这些消极想法或评价的原因：	
第三步：如果按照这种消极想法或评价做，会产生的后果：	
第四步：请你思考这个消极评价是否是真实的评价。如果觉得是真实的评价，请主动地询问别人的意见，譬如父母、老师、同学或朋友，听听他们的看法（假如你实在不想找他们，可以向我咨询）。	
第五步：如果这个评价不是真实的，你觉得真实的评价是：	
第六步：如果评价是真实的，你是否可以做些事情改善这种情况，写出你能做的事情。如果自己找不到改善的办法，请听听别人的建议，把建议写出来。	
第七步：假如你采取这些改善的建议，结果会怎样，会产生哪些有利的影响：	
第八步：当你产生消极想法或评价后，你摆脱这种情况的办法：	

（左侧竖排：给你的建议）

成绩代表一切吗？——找到自己的价值

【对话和博士】

学习好就了不起吗？

和博士，我在重点中学读高一，和初中相比高中的改变并不大。初中时，我的成绩在班上并不怎么优秀，之所以能够考上这所高中，是因为班里一个男生的刺激。我们班上学习最好的是一个男生，可是我就是看不惯他，他觉得自己学习好，对我们爱理不理的，问个问题都不耐烦，而且，班级活动也不参加。最要命的是，自己课桌边上的卫生从来不管，他还振振有词：脏就脏了，反正不是我弄的，凭什么要我管。我最瞧不起这样的人了，凭什么，学习好就了不起了吗？于是，我发誓要超过他，中考我以优异的成绩考入了现在的高中，只比那个家伙少了几分。到了高中，我发现班里还是有这样的家伙，于是，我又告诉自己我要超过这群家伙，你们不是自以为成绩好吗，我要在成绩上打败你们！

和博士，成绩好可以代表一切？

如何看待成绩

你一定听过这句话——"分分分，学生的命根"，分数为何如此重要？升学需要分数，上大学更需要分数。目前，学校录取的标准只有一个，那就是分数，没有很高的分数，就很难升入好的高中，就很难考进好的大学。

不能否认这样一个事实，在中学所有的目标都指向一个——考上大学。不管你学习成绩如何，父母都希望你能考上大学；老师就更不用说了，帮你考上重点中学、考上大学是他们的任务。在你心中，你也得承认自己想考上大学吧？

在这种情况下，你觉得成绩代表着什么？心理学上有个很有意思的效应，叫作"从众效应"，指的是当个体受到群体的影响（引导或施加的压力），会怀疑并改变自己的观点、判断和行为，并朝着与群体一致的方向变化，也即我们常说的"随大流"：大家都这么认为，我也就这么认为；大家都这么做，我也就跟着这么做。

我们先来看这么一个实验。

某高校举办一次特殊的活动，请德国化学家展示他最近发明的某种挥发性液体。当主持人将满脸大胡子的"德国化学家"介绍给阶梯教室里的学生后，化学家用沙哑的嗓音向同学们说："我最近研究出了一种强烈挥发性的液体，现在我要进行实验，看要用多长时间能从讲台挥发到全教室，凡闻到一点味道的，马上举手，我要计算时间。"说着，他打开了密封的瓶塞，让透明的液体挥发……不一会，后排的同学，前排的同学，中间的同学都先后举起了手。不到 2 分钟，全体同学举起了手。

此时，"化学家"一把把大胡子扯下，拿掉墨镜，原来他是本校的德语老师。他笑着说："我这里装的是蒸馏水！"

这个实验，生动地说明了同学之间的"从众效应"：看到别人举手，也跟着举手，但他们并不是撒谎，而是受到了"化学家"的言语暗示和其他同学举手的行为暗示，感觉似乎真的闻到了一种气味，于是举起了手。

当你不知道成绩意味着什么时，别人的看法就成了你的看法。当周围大多数人以成绩作为判断一个学生价值标准时，你也会不自觉地认同。刚出生时，你具备的只是本能的反应，知道饿了要吃东西，渴了要喝东西；随着你慢慢长大，就知道了很多东西。所以，成长的过程就是消除无知，让自己更加了解生存环境的过程。在学校，你会学习不同的科目，可是，学了不等于会了、掌握了，所以，需要有个考核，而考核的工具就是考试。如果你掌握得好，你的成绩会好些；如果掌握得不好，你的成绩会差些。但是，考核并不仅是考核知识的掌握那么简单，除了知识的灵活运用，还受心理因素、身体状态等影响。

学习有进步，不一定会考出好的成绩，而有好的成绩也不意味着有多大的进步。在我看来，成绩，就如同 money，有句话说得好——"钱不是万能的，可是没有钱万万不能"，成绩不是一切，可是没有成绩却是万万不能的。假如你心中只有金钱，完全以金钱为导向，我想很多人会不喜欢你，甚至，你自己也会讨厌自己。同样，如果你完全以成绩为导向，同学也会不喜欢你。

成绩好只代表你在知识掌握上比别人好些，在考试中发挥得更好些。然而，我们常常被误导，比如，学校选举三好学生、选举班干部之类的，全是以成绩为导向，似乎学习好就意味着这个人是优秀的，这是一种错误的观点。

有些学生喜欢称某些学习好的同学为"高分低能儿"，言外之意是这家伙除了学习真的没什么可以拿出手，这种说法有些片面，但是至少反映出有一部分同学，为了考取更好的成绩，除了学习其他事情都不关注，都不学习，殊不知当你取得了暂时的成绩时，也为未来埋下了隐患。每年有很多同学考入大学，却不能适应大学生活，不能够适应大学的人际交往；由于高中完全是以学习为导向，忽略了社会道德、人际相处、团队合作，结果引发各种问题。

成绩之外的世界

　　每年暑假，北京大学、清华大学都是广大同学热衷游览的地方，而我也会在北大和清华做些观察，观察来这里游览的同学。有一次我给夏令营做完讲座，在北大看见一个中学生随手丢了垃圾，我追上去，温和地提醒他："嗨，你掉了一样东西。"那个孩子开始没有反应过来，居然对我感激地笑笑说："没有啊。"当我指着地上的东西给他瞧时，他的脸一下子变红，捡起垃圾跑了。

　　每天我都可以看到无数人肆无忌惮地闯着红灯；在公交车上，时常发现一些中学生在大声喧哗、笑骂，张口闭口的"京腔"脏话，脏话也是一种"流行"？其实，不止在北京，太多地方每天都在发生同样的事。

　　物质条件越来越好，自动化工具也越来越多，很多同学参与家庭劳动的机会越来越少。在生活中，很多同学没有买过菜，没有买过衣服，一切都有父母操办，生活是一个人最大的力量源泉，如果我们不融入生活，远离了生活，我们奋斗的目标很容易缥缈虚无。

　　你总有不知道的事情，在学习上也是如此。我发现很多学习成绩非常好的同学，他会学习，可是自己不会讲，不能把自己的思路讲给别人听，这说明他的表达能力还不够好，同时，也说明他不是特别明白这个问题。也许，你会说需要表达吗？是的，当你以后走上工作岗位，离不开和别人交流，你不可能一个人完成所有的事情，与人协作无疑需要很好的交流。

你的价值是什么？

你是否有这种心态：学习知识就是为了考试。绝大多数同学把学校里学习的知识当作应付考试的工具，这是一件很悲哀的事情。对于理科生来说，什么历史、政治那都是浮云；对于文科生来说，什么物理、化学那都是浮云。以前，我在北大做讲座介绍北大历史时，问及 1895 年和 1898 年发生了什么重大事件时，很多同学居然不知道，甚至有些同学说是不是"文化大革命"？！

说实话，我很想在全国号召一件事：把历史当作一门必修课，一个人怎么能忘记自己的历史！更可悲的是现在很多外国人对中国的历史比我们还清楚，忘本是最可悲的事情！一个人要成才，更不能忘记自己的历史。当然，我也不太赞同目前学校对历史的考察方式，我们被每个历史事件的具体年份限制了，我们被死板的历史事件"标准答案式"的意义限制了。我更希望历史的考试能够开放些，例如，提出没有发生某个历史事件的假设，历史事件对于现代的意义是什么，"童言"也许说不出什么大道理，但最重要的是让他们获得对自己国家和民族的认同感。

在哲学课本中，我们学过"价值"的含义，指的是一事物所具有的能够满足主体需要的属性和功能。你还记得吗？不要告诉我它仅仅是你考试的内容！

你是否思考过自己的"价值"，我知道很多同学经常说这个好、那个好，这个有用、那个没用。但是，你有没有思考过自己是否有用、是否有"价值"？有位同学告诉我："我觉得我还是有价值的，如果没了我，我的爸爸妈妈会疯掉，他们会伤心死的，可见我对他们还是很有价值的。"我听了这个回答真是哭笑不得，自己的价值仅仅如此吗？

哲学课本告诉我们，人的价值就在于创造价值，在于对社会的责任和贡献，即通过自己的活动满足自己所属的社会、他人以及自己的需要。原来价值并不仅仅是要满足自己还要满足别人，从这点来说，你可以思考一下，自己在成长过程中曾经做过多少对别人有帮助、有意义的事情。

在学校，我们不应全是为了考试而学习。将来你总不能告诉别人，我会考试，我成绩好。在我看来，在学校里你应该学习两件事：遵守秩序（规则）和友好合作。我们常常抱怨交通多么混乱、纪律多么糟糕，说白了是自己的秩序（规则）观念不强；我们渴望与人相处，却又没法让自己更好与人相处。

　　学校还经常出现这类现象：如果你喜欢一个老师，就能学好他教的课；如果不喜欢一个老师，这门功课的成绩往往一般。这类现象背后凸显的也是自我价值的误区，之所以这样，是因为你的自我价值不是发自内心的，而是来自老师对你的评价。当老师喜欢你、对你评价很高时，你的自我价值感就高，从而带动了学习成绩的上升；当老师不喜欢你，甚至批评你时，你的自我价值感就低了，从而导致学习成绩下滑。

　　这是一个很常见的现象，但你不应该因为老师的态度而影响成绩的高低。你的价值应该发自你的内心，有属于自己的坚持，不要总是通过别人的评价来认识自己，这样即使不喜欢这个老师，但一样会喜欢这个科目，一样能够学好这门课程。

　　成绩之外还有什么，这是你要好好思考的事情，至少让自己做个有用的人，至少要想想自己存在的价值。我想你一定听别人讲过无数次中学生应该具备什么样的品质和素质，我不啰嗦什么大道理，只希望你想想自己需要往什么方向努力。

寻找你的优势

一个人优秀有什么标准吗？美国心理学家彼得森和塞利格曼将人类个人优势归结为6大类24小类（见表1-4）。不要吃惊，我没打算让你全部具备，给出一个标准是为了让你向它看齐，有个努力的方向，做事也有个衡量。

表 1-4　人类个人优势

1.智慧	（1）创造性；（2）好奇心；（3）批判性思维；（4）好学；（5）洞察力
2.勇气	（6）勇敢；（7）毅力；（8）诚实；（9）热情
3.仁爱	（10）爱与被爱的能力；（11）善良；（12）社交智慧
4.公正	（13）忠诚；（14）公平；（15）领导力
5.节制	（16）宽恕；（17）谦虚；（18）谨慎；（19）自制
6.卓越	（20）对美的欣赏；（21）感恩；（22）乐观；（23）幽默；（24）灵性

成绩并不代表全部，也不是证明你优秀与否的唯一标准。我很希望你能排除成绩至上的观念，在学校到底该学些什么，我们的价值到底是什么，这都是你要好好思考的。虽然在前边讲了不少，但我还是希望你能从自身出发，切实地思考一下。

你没什么可以自负的地方，总有不如别人的地方，你可以参考这个建议：

你的眼睛只会看到你想看到的，请用一种学习的眼光去看待别人的世界吧。

首先，思考一下你对成绩的看法（见表1-5）：

表 1-5 你对成绩的看法	
你的成绩如何？	
你会把成绩看得很重吗？	
如果你学习很好，愿意帮助更多的同学吗？	
如果别人比你成绩好，你会有什么想法？	
假如你帮助过的人成绩比你好了，你会有什么想法？	
以往你对成绩的一些片面的、错误的看法：	

其次，利用"人生价值思考表"思考你对自我价值的看法。

工具四：人生价值思考表	
你觉得自己在哪几个方面最让你不满意？	
你会注意哪些生活中的细节（譬如丢垃圾、说脏话）？	
你对纪律和秩序的一些看法是：	
在学校除了成绩你觉得最应该学习的四件事情是：	
你觉得自己的人生价值是什么？	

最后，通过"提升个人优势的'激励表'"确定几项你打算努力提升的个人优势。

工具五：提升个人优势的"激励表"	
你觉得自己的个人优势有哪几项？	
对照 6 类个人优势思考下你打算提升的四项优势	
提升的第一项个人优势：	
原因：	
提升的第二项个人优势：	
原因：	
提升的第三项个人优势：	
原因：	
提升的第四项个人优势：	
原因：	

Part

two

学习是成长中绕不过的坎儿

学习是我们成长过程中的头等大事，成绩几乎是我们每天为之奋斗的目标。在家长和老师的"殷殷教诲"中，我们"被充实"地度过着每一天。然而，我们多数是"痛并不快乐着"，各种各样的学习问题让我们焦急而又无措。学习是成长中绕不过的坎儿，学习可以快乐吗？究竟有没有学习的捷径可循？

读书无用？——学习观念

【对话和博士】

我真的不行吗？

2010 年 4 月份到 8 月份，我在全国各地做了几万人的讲座，有一个问题被问得特别多——读书有什么用？

在西安渭南，不少同学在 QQ 跟我抱怨，现在学的东西有什么用啊，解析几何、立体几何这么难，生活中也用不到啊，买菜难道还需要解析几何啊，谁会称根号几斤的菜啊？很多东西，以后工作中根本用不上。

在温州，好些同学告诉我，他们不想读书，理由是读书没什么用，他们的父亲是初中，甚至小学毕业，可现在一样是身家几千万的老板，套句俗话"书读不好又怎样，老子不是照样有钱花"。在温州有很多老板甚至大集团老总都是小学、初中毕业。现在大学毕业找不到工作的人比比皆是，那你说读书考大学有什么用呢？

在河北，一个重点高中的学生告诉我，现在社会能力比知识、学历重要，看我们学校的那些书呆子一天学习十四五个小时，都变成书呆子了，还不如多花一些时间来培养自己的能力。现在的教育都是为了考试，培养的是"高分低能儿"！

上学还有用吗?

看了上述内容你有什么想法?你认同上述说法吗?你上学的目的是什么?你读书的目的是什么?上学无用还是读书无用?

在中学,尤其是地方普通中学,越来越多的同学被这个问题困扰。在学校辛辛苦苦读书到底是为了什么,学校学的东西真的有用吗?同样被困扰的还有家长,越来越多的家长也在怀疑上学的作用,对于普通老百姓来说,现在的教育成本太高了,据不完全统计,培养出一个大学生(从幼儿园到大学毕业)大概需要 30 万 ~ 45 万人民币(在大、中城市要远远高于此数)。在北京,好一点的家庭为孩子的投入从学费到兴趣班、补习班,到大学毕业,会达到几百万。而普通本科生毕业后,每个月的底薪也仅在 2000 元 ~ 4000 元之间,按这样计算,要想挣回自己上学的花销,大概也要 5 到 10 年,这还是不考虑衣食住行的花销的情况下。

你是否也在抱怨中小学学到的知识没用?这里我们思考一个问题:学校学的知识是否有用?停下来拿出笔写一写吧(见表 2-1)。

表 2-1　关于学校学的知识有用与否的思考	
你觉得读书有用吗?如果有用,理由是什么;如果没用,理由又是什么?	
寻找宝藏的启示 (你需要按照提示的步骤回答问题,最后得出自己得到的启示)	
问题提示	你的回答
第一步:假如你知道有个地方藏着无尽的宝藏,但是想要到达那个地方,必须要过一条河,这条河水流湍急,非常险要。你要不要过去?	

表 2-1　关于学校学的知识有用与否的思考	
第二步：假如你愿意过去，那么，通过它需要建造一艘大船，要花费你很多心血和精力，你愿意为它付出吗？	
第三步：假如你愿意，那你通过这条河流后，这艘船可能再也用不上了，你是否会后悔，你是否会认为它无用？	
第四步：这个测试对你有什么启发？	

　　你有没有发现，造船就像我们在学校学习知识的过程，那无尽的宝藏就是我们的未来。虽然我们过河后，可能再也用不到这艘费尽心血打造的船了，但并不能否认这艘船的价值和意义，现在用不上并不等于没有用。

　　出生时，你大脑的信息量几乎为零，成长的过程是你学习的过程，从基本认知和基础知识学起，渐渐地你头脑中的知识楼台越盖越高；每高一些，当下学的知识便成了大楼的基石。当你站在高高的楼台远望时，你的视野开阔了，可是你能忘记脚下那些基石吗？如果把这些基石撤掉，你还能站在高处吗？或许，你都不相信世界上有空中楼阁，因为，那只是科幻片中的画面。无论做什么你都需要学习，这点你不会否认吧。

　　更重要的是，上学读书学到的不仅仅是书本的知识，还有同学之间如何相处，小组成员如何配合，如何在小组、班级中脱颖而出，如何做一个合格的组长、班长……学校里可以学到的东西太多了，如果你学的仅仅是片面的知识，追求的仅仅是片面的分数，那并不能说明上学无用，只能说明很多用处你还没有发现。

别被富豪的学历欺骗了

很多同学喜欢拿那些亿万富豪说事情，确实很多富豪根本没上过大学，多数都是初中毕业，甚至有的连小学都没念过，可是人家现在不也是功成名就吗？看看中国亿万富豪的学历：1999年的中国富豪们大都是"原生态"的小学或中学出身；4年后的2003年，百富榜上大专和本科学历以上的富豪已占到57%；然而到了2008年，富豪们的学历却一个赛过一个——MBA如雨后春笋，博士层出不穷；2013年以后移动互联网快速发展，特别是李克强总理提出了"大众创新，万众创业"之后，在移动互联网时代的创业，更是和知识相关，传统行业越来越难做，创业成功的佼佼者更多是名校、海归，高学历高能力者。

21世纪是移动互联网高速发展的时代，你可能听说过这些人：阿里巴巴的马云、腾讯的马化腾、小米科技的雷军、百度的李彦宏、京东的刘强东、网易的丁磊、搜狐的张朝阳，这些人都是移动互联网时代的弄潮儿，其中马云、李彦宏、雷军、张朝阳出生在20世纪60年代，马化腾、丁磊、刘强东出生于70年代，2017年福布斯富豪排行榜马云以282亿美金高居第二，马化腾、丁磊、李彦宏都在前十。这些年轻富豪的学历你了解吗？张朝阳，清华大学物理系本科、美国麻省理工学院博士；李彦宏，北京大学信息管理系本科、美国布法罗纽约州立大学硕士；雷军，武汉大学本科毕业；刘强东，中国人民大学毕业。

在今天这个创业时代，移动互联网领域诞生了更多高学历的新贵，从传统行业快速发展来的新贵越来越少，未来是知识经济的时代。

不要被那些没有学历却成为亿万富翁的假象所蒙蔽，没有学历并不代表他们不努力。更要命的是在未来如果没有上过学、没有学历，要出头就太难了。你常常说父母不理解你，现在都什么社会了，与他们的年代不同了，可是你眼中又怎能只盯着以前的富豪，只盯着他们的表面呢？你可能根本不了解那个年代，他们为了家庭生计迫于无奈不得不外出打工，如果可以选择上学读书，他们恐怕不会放弃这个机会。你更不知道的是，他们由于没有走进学堂，不得不花费别人数倍的精力来提升自己，让自己有足够的知识和能力来驾驭自己的企业。

从 2012 年开始，我走进了很多地方企业，遇到了很多没有太多文化但很有成就的企业家，他们若干年积累了几千万或上亿的资产，然而，他们的观念还很落后，很多人积累财富靠的是胆量、资源、地产、金融。之前，我认识的很多传统行业的朋友到了现在（2017 年）要么已经破产，要么有原始积累的挣钱也越来越难，不知道下一步要做什么。

没有知识，没有面向未来的视野，没有大局观，跳不出以前的思维模式，将来注定被远远地甩在后面。而这些都需要通过学习获得，而且大学里的很多学科都对我们有很好的理论指导。不经历大学的洗礼，就要通过继续教育获得这些知识，或是通过向他人学习获得，那将是一条坎坷的道路，甚至还会付出惨痛的代价。

当今社会给年轻人出头的机会越来越少，白手起家也越来越困难了，没有一个平台，没有大学的台阶作铺垫就想闯出一番事业你知道有多困难吗？假如你没有家庭背景，一个高中毕业生出去打工，你觉得有多少企业会录用你？假如现在让你辍学去创业，你能成功吗？恐怕你自己都知道，时代不同了，你成功的机会太少了！

我们常常被假象所迷惑，而忽略了背后的东西，我们只看到了表面的风光，却忽略了背后的努力，取得成就哪有你想象的那么简单！很多同学和我交流时，向我抱怨学习太累。是的，学习并不轻松，可问题是做什么轻松呢？与未来的工作相比，我个人觉得在学校里学习反而是最轻松的事情。社会的复杂性有时候不是说通过你自己努力就能有结果，有很多东西不取决于自己，但学校的学习，由于目标明确，只要你坚持了，就容易有效果。

读书无用是谁的借口？

这个社会公平吗？不公平！这个社会不公平吗？又公平！很多同学抱怨，看某某家里有钱又有关系，看某某学习真是棒，而自己呢，要家世没家世要关系没关系，要学习还没学习，长得好也行啊，可惜长得也一般，上天对我还真不公平啊！可是，为什么不去看看那些和你一样甚至还没你的条件好，但依然不懈努力的同学呢？

什么样的人会觉得上学读书无用呢？

第一种：学习一般，甚至很差的同学。当最初的梦想被一次次的考试、一次次的碰壁打击后，他们开始怀疑自己，经过反反复复的"调整——努力——失望——调整"过程后，他们彻底放弃了，并开始否定自己，开始破罐子破摔，上课不听讲，睡大觉，作业也懒得做，成绩更是直线下滑。不仅自己不努力学习，当他们看到一部分学习很努力但成绩不怎么好的同学时，甚至还会讽刺他们，讥笑他们——这么努力却没有成绩，累不累、傻不傻、值不值啊？

第二种：学习并不差，相反有些还是非常优秀的同学。不少名牌大学的同学属于此行列。为何呢？有位同学曾告诉我这样一件事：他现在读高三，成绩排年级前几名，他有位初中同学，初中一毕业就去打工了。优秀的他即将考入大学，并且很可能考上最有名的几所大学。可就在这时，他的初中同学已经挣到了人生的第一笔100万，当时，他觉得老天爷在开玩笑，怎么可能？！

无独有偶，从北大毕业后，我的同学走进了很多行业，他们的收入还算可以。可是，有几名同学很郁闷，甚至痛苦，他们经常向我抱怨：你看大街上烤羊肉串的、摆摊的，还有一些没上过大学做买卖的，现在每个月挣的钱比我们还多，在北京几年了，我们还是"无产阶级"，还在为一套房子努力，可是那些人都是"小资"啊，不仅有房有车，要命的是还不止一套房一辆车，太打击人了！这些思想源于内心的那份虚荣感，觉得成绩好平台高，别人就不能超过自己；他们只会盯着别人的成绩看，从来不考虑别人背后的努力和辛酸，自己走自己的路未必不如他们，只是目前不能接受"不如自己的人"在金钱上超越自己，这真是可悲。羡慕甚至嫉妒并不可怕，只要能转化为奋斗成才的动力，都是好事儿，就怕这些成了你进步的阻力，成了你未来的魔障。

第三种：没考上大学甚至高中都没读，直接就去打工或做小生意的人。他们现在小有成绩——有些钱，有个公司，手下有一群为他们打工的大学生。他们天天在喊这些大学生怎么这么笨呢，上学都学什么了，还不如一个没上过学的人。他们经常讥讽那些毕业就失业的大学生，可笑的是，这些人成就没多大，手下的大学生也并不是多么出色，他们只是拿一些当下失意又没能力的大学生概括了所有大学生罢了。说实话，这恰恰表明了这类人内心的自卑，通过讽刺贬低所谓的"大学生"，让自己的内心感到平衡，以得到所谓的"自信心"。人常陷入这样的怪圈——越缺什么越秀什么，正因为他们没有上过大学，这似乎成了他们心中的痛，正如上边讲的如果不贬低他眼中的大学生，他会找不到优越感。

第四种：毕业即失业的大学生。这类人认为大学毕业生数量暴增，而工作机会太少，其实不是工作难找，而是自己能力不够，抑或想找更好的工作，无视普通工作。大学生数量是增多了，可是为什么自己没找到合适的工作，而别人却找到了？问题不在别人而在自己。网络上流传着这样一句话："爱一个人，让他去上大学吧，那里是天堂。恨一个人，让他去上大学吧，那里是地狱。"大学是天堂，也是地狱，上天堂与下地狱都是你自己的选择，自己行为的结果。我和很多企业负责人交流过，公司不是不缺人，是很缺人才，这是很可悲的事情，大学生毕业找不到工作，而企业又为找不到合适的人而犯愁。21世纪什么最贵，不是人才，是庸才！庸才带来的损失太可怕了！

"可怜之人必有可恨之处。"那些认为读书无用的同学，其实是在遮掩自己的痛处，是为自己找借口！心理学有一个说法叫"合理化"，是说你无意识地用一种似乎有理的解释，为你的情感、行为或动机辩护，以使其变得可以接受。"合理化"有两种表现：一是"酸葡萄心理"，即把得不到的东西说成是不好的；二是"甜柠檬心理"，即当得不到葡萄而只有柠檬时，就说柠檬是甜的。两者均是在掩盖其错误或失败，以保持内心的安宁。当自己努力学习了，却没有得到好成绩时，就否认学习的意义，认为学习没有用，这恰恰是自欺欺人的说法。

观念错了，越努力越痛苦

你的观念决定你的行为，如果你的观念错了、方向错了，那么越努力就会造成越多的痛苦，成才也将变得异常艰难。让我们看看各种错误的学习观念吧。

错误观念一：成功就是考上名牌大学，将来有财富、有地位。虽然我不愿意承认，但这是一个事实：人类社会是一个功利的社会，人为了名利不停地努力。考上名牌大学，未来有钱有地位，这大概是绝大多数同学和家长的心声。可问题是，并不是每个同学都能考上名牌大学，这是现实。你还得承认这样一个事实，上不了大学尤其是名牌大学，并不意味着不能获得财富和地位。我想说的是，不要把自己成功的模式单一化、片面化，未来的成功并非考上大学这一条路。我的老师曾经告诉我："一个人真正的成功是不断超越自己——今天比昨天进步，明天比今天进步，做最好的自己，去影响更多的人。你可以在做事上成功，但更要在做人上成功。也许，事业上的成就会让人羡慕你，但是人格上的伟大会使人亲近你、铭记你！"

追求财富、地位没有错，但千万不要被这些所束缚，认为成功就是拥有这两样东西，那你将活得很辛苦，即使实现了你也算不上真正的成才。

错误观念二：读书的目的就是考大学。如果你存在这样的想法，那就会导致这样的结果：如果我考不上大学，那读书对我还有用吗？所以，干脆就不读了，这样还可以节省费用。其实，你还没有看清读书的目的，我想你得承认，你对未来有过憧憬，上学读书，是在为实现这个目标做准备。而且，考上大学，也仅仅意味着你走好了第一步，为未来做了更好的准备，这不是句号，仅仅是个逗号。

错误观念三：读书人是文化人，大学应该是"精英教育"。中华民族千年来都弥漫着"万般皆下品，唯有读书高"的观念，考上大学那就是有文化的人了，身份自然就高人一等。可事实并非如此，大学扩招，越来越多的人成为大学生，这种优越感一下子消失了。更为不幸的是，计划经济年代，落户口、包分配的制度早就没了，读完大学一切又回到起点，户口回到原籍，工作要自己找，收入还不见得比打工的多。虽然，行业工作没有高低贵贱之分，大学生在身份上并不比民工高，但是社会观念却让人产生了各种想法。

要想做到先要知道，学校不仅仅是学习知识的，还要学习社会秩序和人文素养，当我们知道了才能慢慢做到。

错误观念四：上了大学尤其是名牌大学就等于有了出路。我们的教育，从高中到大学完全是两种教育，高中是老师管理、家长督促，整个人都受到严格控制，受的教导都是要考高分，我全班第一就是比你牛；但到了大学完全变了，老师不会天天督促着你学习，特别是在好学校比如清华、北大，学习是一种自觉，你只要把每门必修、选修课过了，拿够了学分，基本上就可以毕业。很多大学生大学几乎是混过来的，还谈什么出路？大学并不是终点，不要以为到了大学就解决了所有问题，食物放在你面前，你不吃，一样填不饱肚子。

错误观念五：学习成绩不好、上不了大学就是失败，就是没有出息。不是所有的同学都可以考上大学，可是考不上大学就没有出息吗？有很多人没有读过正规大学，但是，他们后来一样自学成才。移动互联网时代，通过互联网在线学习和职业学习将会越来越普及，大学的目的不是培养职业性人才，在中专、大专教育质量还欠缺时，社会上商业性的面向就业的职业技能培训很有价值。举个例子，从2012年至2017年间我一直做互联网创业，比较需要程序开发人员，而在我办公室的一些同事中有不少接受了社会上的职业培训，还在线上学习程序开发，由于移动互联网行业过于火爆，这些方面的岗位工资一直不低。

尤其是，移动互联网时代的学习模式发生了巨大变化，自学能力变得极为关键，所以，即使你考不上大学，也完全可以接受职业技能培训，一技在手生存不是问题。

在我看来，考不上大学不是失败，只是在学校的学习任务没有完成得很好，只是暂时没有成功罢了。你一定要记住一句话：你可以不成功，但是不能不成长！

面向未来和成功的学习观念

观念一:成长的因果观念。有果必有因,种因必得果。今天这个社会很浮躁,仇富、仇官的人很多,一说起富二代多数是贬义词,很多同学不能客观地看待社会。很多人仇恨这些,却又希望成为其中一员。其实并非财富和官员不好,而是自己不是其中一员,产生了典型的酸葡萄心理。

今天的富二代享受的优越生活也都是其父辈辛苦努力换来的。也许,我们的父辈没有为我们创造更好的机会,但我们可以努力成为"富一代",为我们的后代创造更好的环境。

我们今天学习和成长的结果,也都不是现在形成的,都是之前种的因得到的现在的果,要想明天有期望的果,就必须从现在开始种"因"——有助于结出明天"果"的"因"。

观念二:"互联网+"下的自学观念。积极主动地学习,让自己适应社会发展,并提升自己的竞争力。很多同学听说过"互联网+","互联网+"最核心的两点是数据和连接。社会需要的学习能力是积极主动的自学能力,可以通过互联网找到需要的信息。大家在学校适应了老师管理和教的模式,如果缺乏积极主动的自学能力,到了大学就很难适应一切以自己为主的管理和自学。社会上没有谁管你和教你,一切都需要自己主动起来。

当你要了解一件事时,会主动用百度或谷歌搜索相关信息,去靠谱的网站看专业人士的介绍,去书店、当当网、京东寻找相关的书籍,主动研究。

当我们在学习中遇到不会的题目或知识点,主动问同学、老师,主动用网络搜索相关解释,看相关的视频讲解(视频学习是未来非常重要的学习手段),找相关的书籍研究,甚至在网络上找人帮助。只要你想学,在今天的移动互联网的时代,你就可以找到方法解决自己的问题。

移动互联网信息和智能时代,学习模式发生了巨大变化,一切的学习都建立在以自己为主的基础上。学会自己长大,从培养"互联网+"下的自学能力开始。

观念三："互联网+"下的分享观念。输出观念,分享自己的学习方法和经验,为不会的同学讲题,帮助别人学习——教是最好的学习。很多同学,吝啬自己的时间,一是害怕教别人时浪费时间,自己没有时间学;二是害怕教会了别人,被别人超越。其实,很多人只是自己会做,却讲不明白;真的理解一道题,掌握一个知识点,是能够给别人讲清楚——题目考查什么,如何入手,如何分析,易出错的地方在什么地方,然后比较规范的解题步骤是什么。再深一点,就不是讲一个知识点和题目,而是让别人知道他为什么不会,卡在了哪里,怎样解决这个问题。当你帮别人解决问题时,也是深度理解知识点的过程。

怎样才能更好地学? 有分享有输出,才会倒逼你更好地学,如果让你去课堂上讲解这个知识点,你是否会认真准备呢? 通过分享,一是对自己的倒逼,二是能够获得更多人关注,关注会产生流量;关注的人越多,不仅仅是你越有成就感,更重要的是你还可以因此而获得收益。

从这个角度看,会读书是一方面,另一方面是要不断地分享,让别人知道你,知道你能够帮助别人学习,这就是价值!

观念四:"互联网+"下的连接观念。连接优秀的人,连接能让自己进步的人或活动。我想没有同学不知道QQ,这是中国最大的社交应用。我们通过QQ可以连接很多人,进行交流。以前我们想找到或者连接一个人太难了,只能通过书信,而且还不知道对方是否能够收到,什么时候能够回复。而现在,在这个社交和自媒体发达的时代,如果你想认识一个优秀的人,可以通过微博、微信公共号、QQ、在行、分答等应用软件联系到他,然后用你的认真、用心和诚意请教别人,可以加入优秀的人的社群,可以参与他们优秀的在线课程。

在今天,当你想认识和连接一个人时,你总可以找到办法。一个人要想进步,就要向榜样看齐,向优秀的人学习,也许,你所在的学校一般,但你可以通过互联网加入一个积极向上的好圈子或社群,近朱者赤近墨者黑,在这样一个环境下,你会开阔视野,获得巨大的学习动力!

学习是为了什么?

苹果公司的前 CEO 斯蒂夫·乔布斯说过:"如果你正致力于一些激动人心且你十分在乎的事情,那不需要别人的驱使,你的梦想自然就会驱使你前进。"

上学是为了什么?学习是为了什么?你有没有问过自己"我为什么学习""我学习的动力是什么"这样的问题。学习是持久战,如果没有动力支持,很容易中途放弃。你坚持下去的动力是什么?这是你要明白的事情。我们知道,火车要有轨道,才能平安行驶;汽车要遵守交通规则,才能安全行进。甚至飞机在空中,轮船在海上,也要有一定的航道,才能彼此相安。学习也是如此,你要知道属于自己的学习轨道,如果没有这个轨道,各种社会现象、各种外界因素都会影响你阻碍你。

我一直想与大家分享的一个观点是:自己是一切的根源。我们可以找出很多学习的理由,比如,父母让你学习的,学习好有面子,学习好了父母有奖励,别人都上学我也得去吧,学习好才能读好大学,学习好才能有好的未来,学习好了才能到更高的平台才有助于我实现梦想……纵然有各种原因,可是你自己的原因呢?外界的原因,你掌控不了,可是你能掌控自己的。他助不如自助,读书有没有用,别人说一千遍一万遍都没有用,关键还在你,谁都有自己的道理,关键在于你怎么看。遇到问题不可怕,可怕的是遇到了问题,你却选择抱怨,选择找借口,选择逃避。

你知道什么样的人学习好吗?明确知道自己想要什么、有明确的目标的人,他们确定了自己的目标和目的,不会偏离(即使偶尔偏离也会调整回来)。你要记住:你越清楚自己想要的东西,越清楚实现这一目标所必须做的事情,就越容易抵制诱惑克服拖延,也就越容易着手完成任务。

另外你还要明白,学习的目的,不一定要多么宏伟远大,你不一定要像周总理那样树下"为中华之崛起而读书"的宏伟梦想。你学习的目的可以很简单,可以是让爸爸妈妈过更幸福的生活，也可以是因为学习好会有面子。天花乱坠的大道理并不一定真能激发你学习，总之，不要总想着自己学习的理由要多么伟大，但至少应该找到一个能够让你坚持下去的理由！

但残酷的现实是，很多同学没有清晰的目标，甚至找不到坚持下去的理由，正如很多人对待工作一样，他们都渴望做自己喜欢的工作，可问题是不是人人都能做自己喜欢的工作，如果要想有所成就，那就喜欢上自己做的工作。对于大家来说，要想学习好就要喜欢上学习，这很难，需要时间和过程。要想改变首先改变自己内心的想法，作一种"自欺欺人"的心理暗示，当自己"不喜欢"的学习时，就告诉自己特别喜欢学习，同时，将这件事同自己最喜欢做的事情联系起来，一旦学习就会让你联想到自己最喜欢的事情，这在心理学中叫作"巴甫洛夫"条件反射，我想这也是一种不错的办法。我希望同学们不要忽视内心看法和信念的重要性。

很多人说培养了兴趣才会坚持下去，要想有兴趣，你必须在学习上获得进步，获得成就感，所以，从这个角度讲，你学进去了，学得有进步、有成就感了才能有兴趣；不要错误地认为，找方法培养兴趣，然后才能学好，而是刚好相反。

遇到困惑时，最重要的是要寻找困惑背后的原因，以及自己能否做些事情消除困惑。

工具六：困惑思考表	
1. 困惑何时出现的？	
2. 什么事情让你有此困惑？	
3. 此困惑和谁相关？	
4. 此困惑导致的真实感受是什么？	
5. 做些什么事情会让你感受好些？	
6. 你具备什么条件才可以消除此困惑？	
7. 自己为什么不具备这些条件？	

自己的问题自己解决，原因也多在自己身上，通过上边的表格，我给你归纳出自我反思的步骤。

工具七：自我反思七步法	
问题提示	你的回答
第一步：when——自己何时出现这个问题？	
第二步：what——什么事件或情景让你意识到这个问题？	
第三步：who——这个问题和什么人相关？	
第四步：how feel——出现问题时你的感受是什么？	
第五步：how to do——怎么做才可以消除这种感受？	
第六步：what to do——假如可以避免这个问题，你需要具备什么条件，需要做什么？	
第七步：why——为什么自己不具备这些条件？	

通过头脑风暴寻找学习动力

有些同学喜欢把很多想法装在自己脑袋里，不太愿意和别人分享。不管你是否承认，至少在中学阶段，绝大多数同学对于分享做得很差，从现在起，你不妨打开这扇门多和同学交流，他们会让你的思路更明确。这里我介绍一种比较灵活的方式——头脑风暴，便于你思考自己学习的动力。

头脑风暴指一群人（或小组）围绕一个特定的兴趣、话题或领域，进行讨论创新或改善，产生新点子，提出新办法。三个臭皮匠顶过一个诸葛亮，一群人在一起就一个问题不停地提出自己的看法，这些看法会让你看到不一样的"答案"。其实，头脑风暴可以是一个小组，也可以是一个人进行，一个人的"头脑风暴"就是针对一个话题或问题，从不同的角度提出自己的看法，尽可能多地找到一切可能的因素，以及解决问题的方法。在这个过程中，你不用考虑这些原因和方法合理不合理。进行头脑风暴时，你可以遵循以下原则。

原则一：头脑风暴上没有坏主意。多多鼓励奇怪的、夸张的观点。驯服一个这样的观点比想出一个立即生效的观点要容易得多，观点越"疯狂"越好。那些奇异的和不可行的观点，可以引出更多思考与创意。记住：头脑风暴会上没有坏主意，无论它是多么不可思议。

原则二：不对任何主意（点子）做积极或消极的评断。只有到头脑风暴结束时，才开始对观点进行评判。进行头脑风暴时，不要暗示某个想法不会有作用或它有什么消极的副作用。因为头脑风暴没有坏主意，它们都有可能成为好的有潜力的观点。将所有的观点都记录下来，然后再对它们进行评判。一是避免干扰和妨碍参与者畅所欲言；二是任何评估都是需要花费脑力和时间的，所以不应该在过程中抽出时间进行评论。

原则三：注重数量，而非质量。在头脑风暴时，应该寻求的是观点的数量。要在给定的时间内，提炼出尽可能多的观点。提出的观点数量越多，最后反思时，就更容易产生高水平的创意。

原则四：在提出的观点之上建立新观点。多人头脑风暴时，在别人的观点上进行拓展，利用他们的观点来激发自己的。自己一个人头脑风暴时，可以在已提出的想法之上再提出想法。

原则五：每个人和每个观点都有相等的价值。每个人都有对事情和解决方法的独特视角，所以多人头脑风暴时每个人都应该参与进来。只有每一位成员都自由地、自信地贡献创意和观点，头脑风暴才会取得真正的成功。单个人头脑风暴时，所提出的每个观点都具有相等的价值，只有在最后判定时才去考虑哪个更重要，哪个更具有意义。

建议你跟同学或父母做一个关于"学习动力"的头脑风暴，将所有对读书、学习有帮助的事情列出来，将所有能够让你产生动力的事情列出来（见图 2-1）。

图 2-1 关于"学习动力"的头脑风暴

不要害怕自己的目的肤浅简单，甚至说自己的目的虚荣，最重要的是你要找到前进的动力，小的动力慢慢会变成大的动力，小的动机背后隐藏着的也许是你不曾发现的梦想，用头脑风暴寻找自己学习的动力吧！

大局已定，努力还有用吗？——学习态度

临考前的努力还有用吗？

这些年我做了很多场中考、高考心态调整的讲座，在讲座时遇到了很多这样的情况：

老师说："快要中（高）考了，班上同学出现了两极分化，学习好的自然不用说了，那些成绩不好的同学，尤其是中（高）考没有希望的同学，现在真是没法说。天天来到教室不是睡觉，就是看小说、上课说话，每天都在这里混日子。"

学生说："我的成绩很差，考试根本没有希望，努力还有什么用。一看到书我就难受，还不如看看小说，玩玩游戏，睡睡觉呢。"

那些过程比结果更有价值

你的班上有类似的同学吗——临近考试却放弃了，是因为没有任何希望了吗？谁都想上大学，尤其是名牌大学，可是并非每个人都能考上大学。

看这本书的并不都是学习优秀的孩子，也并不都是孩子很优秀的家长，更多的还是那些对未来充满希望的同学和家长。临近考试，很多同学心态发生了变化，有不少同学开始怀疑自己，觉得自己的成绩不可能考上大学，尤其是理想的大学，既然如此，努力还有什么用，反正是考不上了呗。

假如你是这样的同学，你心里有什么想法，为何会选择放弃？写到这里，我想到了一个故事：

有位孤独者依靠着一棵树晒太阳，他衣衫褴褛，神情萎靡，不时有气无力地打着呵欠。

一位智者从此经过，好奇地问道："年轻人，如此好的阳光，如此好的季节，你不去做你该做的事，懒懒散散地晒太阳，岂不辜负了大好时光？"

"唉！"孤独者叹了口气说，"在这个世界上，除了我自己的躯壳外，我一无所有。我又何必去费心费力地做什么事呢？每天晒晒我的躯壳，就是我做的所有事了。"

"你没有家？"

"没有。与其承担家庭的负累，不如干脆没有。"孤独者说。

"你没有你的所爱？"

"没有。与其爱过之后便是恨，不如干脆不去爱。"

"你没有朋友？"

"没有，与其得到还复去，不如干脆没有朋友。"

"你不想去挣钱？"

"不想，千金散尽还复去，何必劳心费神动躯体？"

"噢，"智者若有所思，"看来我得赶快帮你找根绳子。"

"找绳子？干吗？"孤独者好奇地问。

"帮你自缢！"

"自缢？你叫我死？"孤独者惊诧了。

"对。人有生有死，与其生了还会死去，不如干脆就不出生。你的存在，本身就是多余的，自缢而死，不是正合你的逻辑吗？"

孤独者无言以对。

既然考不上何必又要考？这和故事中孤独者的想法何其相似啊。说实话，我很同情甚至说可怜这样的同学，我也有过这样的感受，在我第二次高考没有如意后，我再次进入了补习班，头一个月我整个人都埋进了小说中，我不愿意面对现实，只想让自己沉浸在小说中，看到一个个主角那么强大，仿佛自己也能在书中看到自己的强大。可是梦有一天会醒，总有一天要回到现实，那时你又怎能不面对现实？

我不想说什么创造奇迹的话，创造奇迹的人并不太多，更多的是创造不了奇迹的人，但是这个社会并不是只给创造奇迹的人生活的，你看看芸芸众生有多少平凡的人，他们不也在好好地生活吗？

我只想说风景不一定在顶峰。我记得有一次在一个不知名的地方爬山，因为爬到山顶的那份感觉是很棒的，所以，我们只想着爬啊爬的，可是爬到山顶后，却发现山顶光秃秃的什么也没有，下山时，却发现原来途中的风景是如此之美。一直被忽略的途中却是美景连连，这正如奋斗的过程，也许取得结果让你欣喜，但是这种欣喜不能持续多久，反倒是在奋斗的过程中你能期盼得更多。

考不好、考不上，就放弃，是逃避。虽然奇迹很少，如果不尝试怎么也不会有奇迹，正如那句话：努力并不一定成功，但放弃肯定不会成功。

放弃的是什么?

　　放弃，并不意味着是件坏事，但是要清楚自己要放弃的到底是什么。假如说你知道自己再努力也很难考一个好的大学，即使能上一个大学也不会很如意，这时，你需要的是在这个十字路口好好想想了。不一定非要考上大学才有出路，你可以选择一个技校，好好学一门技术，或者，考虑家里的生活条件，是否出去打工。你思考未来道路的时候，来不得马虎，一旦你坚定了方向，那就要准备和努力了。如果你仅仅选择在学校混日子，混到毕业，再考虑车到山前必有路，逃避未来，那我只能说你太可悲了。

　　上不了大学并不意味着失去了学习的机会，你可以边工作边学习，甚至以后需要还可以读，这并非不可能。但是唯一要清楚的是，绝不能混过中学最后的一段日子，假如这段时间你选择"混"，那未来的很多事情，你都可能会选择"混"，一旦"混日子"成为一种习惯，你的未来将会不断悲惨下去。

　　假如你选择继续留在学校中，这些天你始终是需要努力下去的，也许，你是一个成绩比较差的学生，也许你的努力不会为你的大学之路增添多少砝码，但是你只要学习一天，你的分数就会增加一些，因为你的基础比别人低，所以，你能提升的速度也远比别人快，提升的分数也远比别人多。我曾经有个学生，在高三一模时数学考了 30 分，但是，她没有放弃，在我的帮助下，这个女孩高考数学成绩居然达到了将近 110 分，这还是因为有道本该做对的题目没能做对。奇迹，并非没有，如果一开始就放弃，那永远也

多一些理想。

不会发生。同样，努力并不一定会成功，但放弃努力肯定不会成功。

　　假如你选择留在学校参加高考，那就应该放弃逃避的想法。高考对每个学生来说是痛苦也是美好的回忆，你可能不知道有多少人想参加高考却没有这个机会，中国有很多地方很贫穷，那些地方的孩子能上学的机会很少，甚至很多学习非常优秀的孩子，因为家里的经济条件不得不放弃，可是放弃仅仅是暂时的，他们不会放弃美好生活的愿望，不会放弃努力。

　　假如你已考虑好不走大学这条路，而是选择学一门技术，那你就要坚定信心，将来的路也会充满坎坷。

　　放弃不一定是坏事，但是，放弃自己、放弃未来，绝对是件坏事！假如你是所谓的"差生"，想放弃，我给你这样一些建议：你可以在学校继续努力，给自己设定一个适合自己的小目标，经过自己的努力，在毕业考前看自己是否能够达到，如果能，这就给你积累了信心——现在学习不好的结果是因为以前你浪费了时间，假如进入新环境重新开始你是可以进步的。另外，我建议你为自己的同学创造一个更好的环境，相处了3年，最后冲刺阶段，你需要珍惜你们的缘分，不管以前如何，现在可以做得更好。

　　人际关系在未来会非常重要，谁能保证你身边的同学不会出个大企业家、社会名人或政府人员？一起创造一个和谐共进的冲刺环境，增进同学之间的感情，这就是一种未来投资，非常重要！你愿意尝试吗？

别人不会在意你的放弃

在暴风雨后的一个早晨，一个男人来到海边散步。沿海边走着，他注意到，在沙滩的浅水洼里，有许多被昨夜的暴风雨卷上岸来的小鱼。它们被困在浅水洼里，回不了大海了，虽然大海近在咫尺。被困的小鱼，也许有几百条，甚至几千条。用不了多久，浅水洼里的水就会被沙粒吸干，被太阳蒸干，这些小鱼都会干死。

男人继续朝前走着。他忽然看见前面有一个小男孩，走得很慢，而且不停地在每一个水洼旁弯下腰去——他在捡起水洼里的小鱼，并且用力把它们扔回大海。这个男人停下来，注视着这个小男孩，看他拯救着小鱼们的生命。

终于，这个男人忍不住走过去："孩子，这水洼里有几百几千条小鱼，你救不过来的。"

"我知道。"小男孩头也不抬地回答。

"哦？你为什么还在扔？谁在乎呢？"

"这条小鱼在乎！"男孩儿一边回答，一边拾起一条鱼扔进大海，"这条在乎，这条也在乎！还有这一条、这一条、这一条……"

你觉得这个小男孩傻吗？随着年龄的增长，年幼时的那份坚持、那份梦想渐渐消失了。在成年人的眼里，小男孩真是"傻"啊，救不完，干吗还要救？为什么有人觉得我们现在的社会风气越来越差，举个简单的例子，假如遇到红灯了，很多人都闯过去了，你还会在那里站着等吗，别人都过去了我干吗不过去。有一个人乱丢垃圾，你会如何——既然有人丢了，我也可以丢啊。于是，越来越多的人开始效仿，风气怎能变好？！因为很多人知道，即使我努力不去做这些事情，还是会有别人做的，我坚持又有什么用，这是一种极其要命的想法，你也许管不了别人，但是你可以掌控自己，至少你可以坚持自己不去这么做，假如每个人都能这么坚持，你觉得风气会如何？

也许，最后一段时间的坚持，并不能把你送入天堂——既然不能为什么要坚持，谁会在意啊。说实话，你会在意，你的父母会在意，关心你的人会在意。因为你每做一点就会进步一点，一个人可以不成功但是不能不成长，只要每天都有进步，一天天地变好，你就越能接近你的目标，至少你可以自豪地说，你对得起自己了。

　　不要在意别人的眼光，如果有人嘲笑你的努力，那是他们无知，总有人会取得比他们更大的成绩，他们愿意别人嘲笑他们吗？不要怀疑自己的努力，几千年以前没有人会想到自己能在天空飞翔，可是今天我们不是已经飞上天空了吗？你的努力有人在意，最起码你自己会在意。

呼呼！

幸运的是，及时发现，
我并没受伤！

你能创造出机会

——如果机会没来，就创造机会；如果没有得到奇迹，就成为一个奇迹。

大学刚毕业，一个年轻人被分配到一个偏远的林区小镇当老师，工资低得可怜。年轻人有着不少优势，教学基本功不错，还擅长写作，却来了这样一个地方。于是，他一边抱怨命运不公，一边羡慕那些拥有一份体面的工作、拿一份优厚的薪水的同窗。这样一来，不仅对工作没了热情，而且连写作也没兴趣。他整天琢磨着"跳槽"，幻想能有机会调一个好的工作环境，也拿一份优厚的报酬。

就这样，两年时间匆匆过去了，不仅他的本职工作干得一塌糊涂，连写作也没有什么收获。这期间，他尝试着联系了几个自己喜欢的单位，但最终没有一个接纳他。

于是，他更加抱怨命运不公，热情也越来越少。

有一天学校开运动会，在文化活动极其贫乏的小镇，这无疑是件大事，因而前来观看的人特别多。小小的操场四周很快围出一道密不透风的环形人墙。

年轻人来晚了，站在人墙后面，踮起脚也看不到里面热闹的情景。这时，身旁一个很矮的小男孩吸引了他的视线。小男孩一趟趟地从不远处搬来砖头，在那厚厚的人墙后面，耐心地垒着一个台子，一层又一层，足有半米高，年轻人不知道小男孩垒这个台子花费了多长时间，不知道小男孩因此而少看到多少精彩的比赛。当小男孩登上那个自己垒起的台子时，冲年轻人粲然一笑——那是成功的喜悦和自豪！

刹那间，年轻人的心被震了一下——多么简单的事情啊：要想越过密密的人墙看到精彩的比赛，只要在脚下多垫些砖头。

从此以后，他开始满怀激情地投入到工作中，踏踏实实，一步一个脚印，很快，他成了远近闻名的教学能手，编辑的各类教材接连出版，各种令人羡慕的荣誉纷纷落到他的头上。业余时间，他笔耕不辍，各类文学作品频繁地见诸报刊，成了多家报刊的特约撰稿人。如今，他已被调至一所自己颇喜欢的中专学校任职。

什么是积极主动，这就是积极主动，它不是一味地抱怨，一味地等待，不是渴望别人能够给自己一个捷径让自己一步登天。很多同学在学习时，总渴望有一个很好的方法，有一个高手来指点自己，仿佛高手一指点就会"功力"大增，殊不知再指点也需要自己去"练功"，更为重要的是这样的等待，最终会让自己错失一个又一个机会。

积极主动意味着当遇到问题时，采取主动、积极的态度面对一切，主动为自己过去、现在和将来的行为负责，集中注意力于自己能做的事，不为自己无能为力的事情而烦恼，不是总从"受害者"的角度出发，抱怨别人，抱怨环境。

事实上，我们无法控制遇到的每件事，总有一些事情是我们无能为力的，比如你无法决定自己生在何处，无法选择谁是自己的父母，无法控制自己的肤色，无法决定明天的天气，无法控制别人的想法……但是，有一件事是我们能控制的：我们的态度，我们的选择，我们对遭遇的事情的反应。积极主动的意义在于我们从自己出发，通过改变自己能改变的去改变事情的结果，或者对结果的看法。一次考试失利，这是一个结果，我们无法改变这次既成的事实，但是可以改变对这个结果的看法，主动去思考这次失利的原因，主动从自己的角度寻找进步的机会，然后通过自己主动的解决来避免下一次失利的出现。

记住：我们不为不能控制的事情操心，只为自己能够控制的事情而努力。

只要坚持就有希望

在学习和生活中的许多时候，你能否取胜，不取决于你的实力，而是取决于你的执着和坚持精神！再坚持一下，只要你不轻易放弃，凡事都有转机的可能。坚持不一定成功，但是不坚持一定不成功。

很多同学告诉我，他们的学习成绩很差，可能考不上重点高中、考不上大学，心中很是茫然。也有同学说，家里穷，书又没读好，说不准明年毕业后就只好回家种地，过着面朝黄土的生活……说实话，每个人在自己的一生中，都会有陷入困境的时候。有的人在困境中沉沦，有的人则在困境中重生，后者是因为心中存有希望，"自弃者天弃之"，你应该永远记住这句话：永不放弃你的希望！

假如你的方向是明确的，只要你还能努力，就永远没有结束，总还有希望。当你能战胜一次困难，你以后就会充满战胜困难的力量。有这样一则故事：

有一位心理学家做过这样一个试验：他将两只大白鼠放入一个装了水的器皿中，它们会拼命地挣扎求生，所能维持的时间为8分钟左右。然后，在同样的器皿中放入另外两只大白鼠，在它们挣扎了8分钟筋疲力尽时，放入一个可以使它们爬出来的跳板，让它们活下来。若干天后，再将这对大难不死的大白鼠放入同样的器皿，结果令人大为吃惊：它们竟然可以坚持24分钟，是一般情况下能够坚持的时间的三倍。

这确实让人非常吃惊，甚至有人怀疑：难道这两只大白鼠的体力更加充沛了？其实并非如此，前面的两只大白鼠，是凭自己本来的体力挣扎求生；而有过逃生经验的大白鼠却多了一种精神力量，它们相信在某一个时候会有个跳板救它们出去，这使它们能够坚持更长的时间。这种精神力量，就是积极的心态，或者说是内心对一个好的结果存有希望。

每个人心中都蕴藏着希望，关键在于你愿不愿意去坚持。在考试的最后阶段，如果放弃了，你心中永远都有这样一个阴影，等你今后再遇到困难时，这个阴影就会出现并影响你。

我曾经在课堂上做过一个实验，让班上的男同学每天做一个俯卧撑，这是一件很容易的事情，当我问他们每天做一个俯卧撑坚持半年能不能做到时，他们都异口同声地告诉我可以，可是跟踪的结果并不乐观，一个月后坚持的同学就少了很多，半年后就更没有几个同学坚持了。做一个俯卧撑很简单，可是就是这样一件简单的事，你能一直坚持做下去吗？每个学期开始我们踌躇满志，对自己提出各种希望和要求，想在新学期大干一场，但做得如何呢？每周一我们也都对这一周抱有很高的期望，甚至每个清晨都对今天提出了要求制订了计划，可是这些目标和计划，大家坚持了多少？

不怕千万人阻挡，只怕自己投降！要想成才，一定不能放弃希望！

你已经坚持读书了十几年，就在最后的时刻，怎能轻易放弃，你甘心吗？假如时间还多些，你或许很容易下定决心去坚持，可是越是临近考试，时间越短，你还愿意坚持吗？真正的勇士不是心中无所畏惧，而是心怀畏惧却又勇敢面对。

请记住：如果不坚持，到哪里都是放弃。如果这一刻不坚持，不管再到哪里，身后总有一步可退，可是退一步不会海阔天空，你只是躲进自己的世界而已，而那个世界也只会越来越小。

一位北大校友在未名论坛上写过这样一句话：自己选择的路，跪着也要走完！也把它送给所有的同学，请记住：坚持不懈，终会成功！

改变学习态度的七条建议

选择放弃、随波逐流、混日子是一种态度问题，一旦态度出了问题，你的将来很有可能出现问题。每个人都会经历挫折，面对挫折、正视挫折，是一种人生态度。

自己的努力不只是为了给别人看，也许，你很在意别人的眼光，希望得到别人的认可，这无可厚非。但是，你活着并非仅仅为了让别人看，活出自己、对得起自己和关心你的人，才是最重要的。努力从来不嫌晚，只要从今天开始，一天比一天进步，每天都做最好的自己就是一种胜利，一种态度的胜利，一种可能赢得未来的胜利。

怎样改变学习态度呢，我给你七条建议。

建议一：心怀明天，活在当下。很多同学都渴望明天的成功，或者担心明天的失败，可是你的渴望你的担心有什么用？与其把时间浪费在渴望和担心中，还不如珍惜好现在。心中揣着明天的目标，充实地度过今天，不要今朝有酒今朝醉，殊不知醉生梦死的生活总有醒的一天。请好好地珍惜现在，能做多少就做多少，因为你生命的长度由今天的努力决定，今天做得好，明天就会更好，你的生命长度也会增加。

建议二：明确你的方向。努力并非没用，关键要确定你努力的方向，如果选择读书，那在学校每一天的学习都会给你增加分数，都会对你未来的学习增加积淀；如果选择工作，那就要想想要做什么工作，要开始准备，不需要继续在学校待着浪费时间。也可以主动找自己的父母谈谈，确定你未来的方向。

建议三：马上行动。你一旦想好了要怎么做，就马上行动，不要再浪费自己的时间。

有一次，有一个人请教一个非常成功的人士。

他说："请问你成功的秘诀到底是什么？"

他说："马上行动！"

"当你遇到困难的时候，请问你到底如何处理？"

他说："马上行动！"

"当你遇到挫折的时候，你要如何克服？"

他说："马上行动！"

"在未来，当你遇到瓶颈的时候，你要如何突破？"

他说："马上行动！"

"假如你要分享你成功的秘诀给全世界每一个人，那你要告诉他什么？"

他说："马上行动！"

建议四：**学会正面思维，远离负面思维**。谁都会经历挫折、面对挫折，你如果把它看成是拦路虎，它就会成为拦路虎；你把它当作进步的机会，它就会成为你进步的机会。如果你一味地消极悲观，恐怕错过了太阳还会错过月亮。

建议五：**坐以待毙不如疯狂一把**。既然已经成了这样，还能比这更坏吗？12年的求学路，怎能如此轻易就放弃，既然没有什么好输的了，何不让疯狂进行到底，竭尽全力，去拼一把！

建议六：**不要抱怨别人、自己甚至环境**。事情既然已经发生，抱怨只会把自己弄得更糟糕，与其抱怨，还不如考虑如何改善。无论如何，你总可以通过自己的努力，改善自己来适应环境，在当下环境中做到最好，进而影响环境。更何况我们每个人最能管理和影响的人也是我们自己。

建议七：**改变态度，从而改变未来**。人生道路上，难免有挫折和崎岖，既然它是不可避免的，何不尝试着改变对它的看法和态度，从而改变挫折呢？

一个女儿对父亲抱怨她的生活，抱怨事事都那么艰难。她不知该如何应付生活，想要自暴自弃了。她已厌倦抗争和奋斗，好像一个问题刚解决，新的问题就又出现了。

她的父亲是位厨师，他把她带进厨房。他先往三只锅里倒入一些水，然后把它们放在旺火上烧。不久锅里的水烧开了。他往第一只锅里放些胡萝卜，第二只锅里放入鸡蛋，最后一只锅里放入碾成粉末状的咖啡豆。他将它们浸入开水中煮，一句话也没有说。

女儿咂咂嘴，不耐烦地等待着，纳闷父亲在做什么。大约 20 分钟后，他把火闭了，把胡萝卜捞出来放入一个碗内，把鸡蛋捞出来放入另一个碗内，然后又把咖啡舀到一个杯子里。做完这些后，他才转过身问女儿，"亲爱的，你看见什么了？"

"胡萝卜、鸡蛋、咖啡。"她回答。

他让她靠近些并让她用手摸摸胡萝卜。她摸了摸，注意到它们变软了。父亲又让女儿拿一只鸡蛋并打破它。将壳剥掉后，她看到的是只煮熟的鸡蛋。最后，他让她喝了咖啡。品尝到香浓的咖啡，女儿笑了。她怯生生地问道："父亲，这意味着什么？"

父亲笑了笑，他解释说，这三样东西面临同样的逆境——煮沸的开水，但其反应各不相同。胡萝卜入锅之前是强壮的、结实的，毫不示弱，但进入开水之后，它变软了、变弱了。鸡蛋原来是易碎的，它薄薄的外壳保护着它呈液体的内脏，但是经开水一煮，它的内脏变硬了。而粉状咖啡豆则很独特，进入沸水之后，它们反倒改变了水。

其实在生活中，有的人像胡萝卜一样，开始毫不示弱，但经历了挫折后，便变得脆弱了；而鸡蛋原先是"胆小"的，但是经历了失败与磨难后，变得十分坚强；另一些人，则像咖啡豆，不仅战胜了挫折，还将挫折转变为成功的踏脚石，走向成功。

面对挫折，你是鸡蛋、胡萝卜，还是咖啡豆？

努力了，为何没有好成绩？——学习方法

【对话和博士】

付出那么多，却看不到收获

我现在读高二了，成绩中下，我一直很努力，很想提高自己的成绩，可我比别人付出得多却收获很少，这是为什么呢？

我初中时成绩非常好，每次考试基本上都在班级排前三名。老师和同学都认为我考重点高中没什么问题。可是，我中考没考好，只是勉强过了分数线上了这所高中。我给自己打气，希望自己在高中可以学得好一些。高一期中考试，我考了班级的前十多名，还算可以，但我觉得我本来可以考得更好的。我很努力地学，投入了更多的时间和精力，可是期末考试，我发现自己没有进步，还比上一次考试跌了几个名次。我不知道自己哪里出了错，我觉得自己已经够努力了，可是为什么会考得这么差呢？我真的不知道自己怎么会这么没用，考得这么差？

明明很在意数学，明明花了很多时间，但还是没有考好，看着别人比自己考得好，很难过，一方面有些不服气，一方面更是为自己伤心，真的，我花了很多时间、很多时间，卷子、高考题都有做，可是它还是让我失望，考试卷子上每一道题我都会，但是我不知道考试时是怎么了，会有那么多失误。难过ING……

方向比努力更重要

有一则寓言，是说有两只蚂蚁想翻越前面一堵墙，寻找墙那边的食物。墙长有 20 来米，高有近百米，其中一只蚂蚁来到墙前毫不犹豫地向上爬去，辛苦地努力向上攀爬。可是每到它爬到大半时，就会由于劳累、疲倦等因素而跌落下来，可是它不气馁，它相信只要有付出就会有回报。它更相信只坚持不懈，就会距离成功越来越近。一次跌下来，它迅速地调整自己，又开始向上爬去。

而另一只蚂蚁观察了一下，决定绕过这段墙去。很快地，这只蚂蚁绕过墙来到食物面前，开始享用起来，而那只蚂蚁还在不停地跌落下去又重新开始。

爱迪生有一句大家熟知的名言："天才就是 99% 的汗水加 1% 的灵感。"但这句名言却被绝大多数人长期误传。很多人就像第一只蚂蚁，非常的执着，决不气馁，只要肯努力，就一定能翻得过去，一定能成功，可结果并非你想象的那样。很多人只理解了这句话的前半句，但是忽略了最关键的后半句——但那 1% 的灵感才是关键。

在学习过程中，很多同学就像第一只蚂蚁，没有弄清楚自己的问题，只知道自己成绩没上去，有不理解的东西，有不会的东西，自己需要努力；更可悲的是他们也从老师、父母和同学那里得知"别人比你还努力"，于是就开始加班加点地努力了。可结果，就如同第一只蚂蚁一样。

成功除了坚持不懈外，更需要方向。选择一个适合自己的方向，进步来得比想象的更快。庸庸碌碌地不去追求，自然没有成功的机会。可是，不了解自己，不会寻找最适合自己前行方向的人，也许他很努力，并且付出了艰辛，最终还是很难成功。蚂蚁前面的食物就是"理想"，怎样最快地获得它，选择明确的方向比盲目地努力重要。正如你的学习，不要盲目选择各种学习方法，别人的方法未必适合你。每个人的情况不同，即使选择了一种不错的方法，也要根据自己的情况适当地调整，不然将会事倍功半，就像第一只蚂蚁那样努力很多却收获甚少。

所以，成绩上不去是出了问题，在努力之前先要把问题找出来。

很多伟大的发明都来自要是能这样多好

为什么没能得到高分?

我们看到的成绩是考试的分数,为什么你没有考出想要的分数?很多同学不明白,理解了知识点,并不意味着考试时你能把题目做对,也不意味着你能考高分。所以,你得弄明白自己没有考出好成绩的原因在哪里。

没能拿到高分,可能有以下几个原因:

原因一:确实因为不会做题目。这是很普遍的现象,有很多同学由于知识掌握得不太好,试卷中很多题目不会做。以数学为例,知识点概念、性质、公式的理解程度决定了你做题的熟练度,其实各个学科都一样,都需要把基础知识理解了,才能在做题时想到思路,否则只会是题目认识你,你不认识题目。

原因二:时间不够用,会做的题目没做完。有不少同学反映,考试的题目能做出来,就是需要时间,然而考试的时间是固定的,规定时间内没法做完会做的题目,自然拿不到更高的分数。这跟知识熟练度和题型熟练度(分析速度和解题速度)有关,所以平时要反复看知识点概念,并通过做题强化题目分析和标准化步骤书写。

原因三:会做的题目做了,可就是出错了。很多同学有这样的经历,题目真的不难,而且也都做了,然而试卷发下后,却发现会做的题目甚至极简单的题目都出错了,原因被很多同学简单地归结为粗心大意加马虎,事实上,出错的原因并非如此,他们被表面现象欺骗了。

原因四:考试紧张焦虑,心态出了问题,结果没考好。相当一部分同学一考试便会心里紧张焦虑,难以进入答题状态,考试时脑子容易发蒙,一片空白,结果不能做对题目。你可以在本书第三章了解更多考试焦虑的原因和对策。

原因五:身体原因导致了考试没考好。没有谁能保证自己在考试时身体不生病,完全不受影响那是骗人的,虽然大多数同学受影响但也没有大家认为的那么恐怖。

原因六：过强的学习动机。有很多同学自己的成绩曾经还不错，可是几次考试下来，越考越差，如果说没努力那也罢了，关键是自己下了很大功夫，很努力了，可还是考不好，于是，开始怀疑自己，认为自己可能是脑子太笨，不是学习的料。付出了很多，却得不到应有的回报，上课也开始恍恍惚惚听不进去；越是担心这种状况，越发严重，就怕对不起父母，为什么会这样？说实话，我很同情这样的同学，原因其实很简单，他们的学习动机太过强烈了，他们很勤奋甚至过于勤奋，容易自责，情绪波动剧烈，紧张焦虑。很多人可能觉得奇怪，觉得总是越勤奋越好，但事实并非如此，经济学家福登博格说过，"对一件事的投入是一种很好的积极生命动力，但过分地投入就不好了，它会夺取我们的精力、热情、成就，而让生命的目标也为之抹煞，最终对我们的身心健康造成威胁"。这跟心理学中的"倒 U 形曲线"很类似——动机强度与活动效率两者并不呈现正的线性关系，动机强度过高或者过低，均会导致活动效率下降——所以，要注意保持中等的动机水平，这样最有利于学习与考试。很多同学由于认知模式的不合理、信念的不理性产生了情绪的困扰，容易产生以偏概全、夸大其词、非此即彼等不合理的信念特征，比如"我真的太失败""我现在信心都没有了，总觉得自己可能脑子太笨了，不是学习的料"等。一旦你的自信心受到挫伤，你很容易自暴自弃。

我列出了这些可能的原因，可能还有其他原因，是希望你在遇到问题时能这样做：

首先，要明白出了问题，一定是有原因的；

其次，你要把可能的原因列出来，先确定这些原因；

最后，列出原因后，你就要针对每个可能的原因进行思考，看看能采取哪些措施解决这个问题。

简而言之，你要明白出问题的方向再去努力，否则一切都是白搭。

学习方法的秘密

秘密一：给留自己思考总结的时间

有一位非常有名的学者，身边有一批学生，其中有一位非常勤奋，每天早晨5点起床进实验室，中午在实验室吃自带的饭，吃完饭后又接着干，到晚上10点才回宿舍休息。众学生羡慕他的精力，老师们都夸他的勤奋，然而，这位学者却有点担心。有一天，学者问这位弟子："你每天几点进实验室？""早晨5点。""中午休息多长时间？""不到1小时。""晚上几点回宿舍？""10点左右。""那你有多少时间思考？"学生无言以对。

进入中学尤其是毕业班，学习强度非常大，在一些重点中学，一些学生每天的学习时间在13～15个小时，基本上除了吃饭睡觉都在学习，甚至周六、周日，还安排了各种各样的辅导班。我想问，这样一来你还有多少时间用来思考。

学习并不是一味地学，一味地做题，很重要的一点是还要学会思考，善于反思和总结。很多同学喜欢搞题海战术，其实，不是很多同学愿意搞，而是因为老师布置了大量的作业，做完老师的作业，你又想做些自己的题目，结果，所有的时间都用来做题了，而越做越发现，原来题目根本做不完。这背后隐藏着一种心理：你希望能把所有类型的题目都做一遍，期望考试的时候碰到类型题，甚至是原题。

说实话，在初中、高中我尝试过各种各样的方法，题海、题典我也都做过。假如你也如此尝试了，你一定会发现，所做的题目当中有很多重复的题目，一旦你反复做重复的题目或同类型的题目，时间长了就会产生一种惯性，会让你很少思考就直接解答，这看似提高了你的解题速度，实则埋下了不求甚解的隐患。

做题时，你需要明白这道题是考什么的，包含哪些考点，可能有哪些陷阱，可能出错的地方有哪些，这类题标准的解法是怎样的。这是不得不思考的，但很多同学在平时做题中很少思考这些。我见过很多同学，做题并不是为了让自己掌握更多的类型题，相反他们是在追求数量，做的题目越多会越自豪，可以跟一些同学炫耀——看吧，我做了这么多道题目了，你不行赶不上我。

一定要警惕这种现象，你要明白自己为什么做题，我更希望你能学会思考；同一类型的题再次出现，要注意考的内容是否一样，即使一样，也要看题目的已知条件是不是一样，要求解的结果是不是一样。2005年在河北广播电台，我做了一个面向全省的高考直击活动，我主讲了高考数学、物理和化学，在数学讲座中，我重点介绍了数学考试答题的艺术。在直播中我举了一个例子：

有这样两道几乎一模一样的题目：

第一道题目是：$y = \log_2(ax^2 + 3x - 4)$，$x \in R$恒成立，求$a$的取值范围。

第二道题目是：$y = \log_2(ax^2 + 3x - 4)$，$y \in R$恒成立，求$a$的取值范围。

两道题目只有一个字母不同，可答案却截然相反，我记得当时考试的时候，绝大多数同学拿到题目乍一看是原题，便不求甚解，直接选择了选项，结果就出错了。在考试时，很多同学常犯一种错误：看着题目眼熟甚至是原题，脑子中便会想当初是怎么做的，当初的答案是什么，却没有直接从题目本身思考，根据题目的类型去分析并解题。

很多同学就是这样盲目地做题，完全没有主动性、积极性，只是去完成任务，这样就很难得到心里期盼的结果。我们知道"笨鸟先飞"，但即使"飞"也得弄清楚方向；盲目地乱飞，不仅仅会迷路还可能被"猎人打下来"。

汉语中有两个字很有意思："忙"和"悟"。"忙"和"悟"，都是心字旁，"忙"乃"心亡"——心死了，你没心了；"悟"呢——心属于我，心归我为"悟"。学习要知道为什么学习，做题要清楚为什么做题，要学会思考，这样你才能心中有数。如果天天忙得要死，都在忙着做题，搞题海战术，却不懂得思考和反思，你怎么可能得到想要的分数？

所以，在学习、做题、考试时，你要学会思考，"为什么"比"答案"更重要。

秘密二：莫打时间的消耗战

"抓紧一切时间学习""我都每天学习15个小时了，怎么还赶不上他10个小时的学习！"一天24小时，有人恨不得每分每秒都学习，可是为什么有的人收获多，有的人收获少呢？

很多同学有这样的体会：眼睛盯着书本，脑子里却不知想到哪里去了。如果这时候精神比较疲倦，就更容易走神。当你好不容易进入了专心的状态，假如突然有些事情把你打断，譬如接个电话，被父母或朋友打断，然后回到书桌前再来看书，你又需要花几分钟来集中注意力，更不用说你自己在书桌旁东看看西看看、玩玩这个玩玩那个了；如此反复被打断，最后你感觉看了3个小时的书，实际上真正"看进去"的时间可能都不超过一个半小时。所以，看书时最好不要随便打扰；特别是看书背诵，最好选择精力旺盛不容易受干扰的较长时间段来做。

每个学科都有自己的特色，要根据不同学科的学习特点来安排时间。对于那些需要大量阅读、理解、背诵的东西，就要安排时间比较长、精力比较充沛、不容易受到干扰的时间段来做。

但是，你不可能在所有的时间都精力旺盛，那么在你精力不太旺盛，又容易受干扰的时间做什么？

你可以考虑两件事情：适当休息和拿笔做题。

第一件事：适当休息。并不是每个人的精力都那么旺盛，也并非在所有学习的时间段你都能保持旺盛的精力。我在高中和大学时养成了这样一个习惯：中午、晚上都会趴在书桌上小憩15～30分钟，即使到现在我仍是习惯性地在书桌上趴一会儿，从不在床上睡觉。这样可以让我在下午和晚上精力充沛。现在，有很多同学喜欢熬夜，因为夜里安静，有利于学习。但这样做，会影响白天的精神，上课总想打瞌睡，又不敢睡觉，即使睡觉也不安稳，害怕被老师发现，于是课没有听好，觉也没有睡好，一天到晚都迷迷瞪瞪的。其实高中的时间说长也长，说短也短，要浪费时间很容易，一晃就过去了；要努力学习也足够长，学习任务重的时候偶尔熬夜可以，长期如此肯定坚持不住。

在学习中如果真的困了累了，精力不是很好了，我建议你最好小憩一会儿，与其勉强坚持，还不如补充精力，让效率更高。你不是超人，只有休息好才能学习好，长时间超极限的学习会将你击倒的，如果因此让你无法取得好成绩，那就得不偿失了。

我希望你能记住这句话：不是抓紧每一分钟学习，而是抓紧学习的每一分钟。每天比别人多睡半个小时、一个小时没有什么大不了的，关键看谁的学习效率高。

第二件事：拿笔做题。做题时不要只看不练习。很多同学对于理科的题目或者文科的问答题，仅仅是看，只要会做就行从不动笔，这会导致你遇到这类问题，虽然会做但是拿不了分数。在注意力不容易集中、有些疲劳时，你可以适当提笔做题，这样可以强迫你集中注意力，即使周围环境比较吵闹，即使你精神状态不太好，仍然可以达到练习的效果。比如有些同学下课不想动，那就可以利用这10分钟做几道英语或文科选择题，即使突然有同学找你聊天，你的思路被打断了，聊了一会儿也可以再提起笔做下一道题目；如果你用来看书，除非你有超人的定力，否则恐怕还没有看清书上写的什么就上课了。

秘密三：学习的阶梯型曲线

有很多同学向我抱怨："这段时间我真的在很努力地学习，可是学习成绩不仅没有提高，反而下降了，这是咋回事？"

学政治时，你知道这样一个道理，"前途是光明的，道路是曲折的"。学习亦是如此，学习进步就像一个非常大的阶梯，只要平时多努力，坚持下来了，总有一天成绩会实现质的飞跃。不少同学有这样的体会，在英语学习中，你坚持了很长时间，可是成绩并没有明显的变化，可是一旦你不坚持了，成绩一下子就下降了。这就如同你爬一个阶梯，上升一阶后，要在这个台阶上往前走很久，然后才会迈向另一个台阶。说实话，学习的进步与努力时间的长短，并不是严格的比例关系。举个例子，你上次考试考了85分，不会说你努力学习一天，就能考86分；两天，87分；一周，92分；一个月，120分——没有这么严格的正比关系，而是体现为一种阶段性的进步。这种阶段大概是20分左右，你上次考了85分，努力了一周、一个月，但是你的水平仍然会处在80分~100分这个分数阶段，在这个阶段内考出任何分数都是很正常的。

通过一段时间的努力，下一次考试可能略有进步，可能没有变化，甚至略有退步，都是很正常的，不能借此说明努力没有用。实际上，你的成绩正在80分~100分这个阶梯上水平向前运动；可能再努力一个月，你就可以跨越这个阶梯，达到下一个 20 分的阶梯。你会突然发现，从此以后，你的成绩很难下 110 分了——这正是你坚持不懈努力的结果。

所以，对学习来讲，坚持就是胜利，胜利了还要坚持，这是压倒一切的真理。在你最痛苦、感到最没有希望的时候，一定要想想学习进步的阶梯型曲线，鼓励自己坚持下去，直到实现成绩的阶段性突破。

有很多同学问我，有没有什么方法让我的数学、英语、物理或化学一下子就有所提升呢。我不是阿拉丁神灯，哪里有什么万能的方法和灵药帮你一下子就提升呢。说实话，现在的很多同学心态特别浮躁，总想一下子就学好，可是过了一段时间后发现没有提高，就觉得自己没有指望了，干脆放弃了学习。

在百度贴吧"2010 我们飞吧"中，我看到一个女孩写下了自己的坚持和努力：

10 年前，我不知天高地厚地在田字格里写下"未来浙大人"五个大字，我记得我写得很用力，我天真地以为，只要我愿意，什么都可以。可是高考它根本没有在乎过我是怎么想的，它只在乎我学了多少，而事实就是我一直没有为梦想而努力，所以就算我高三醒悟了，废寝忘食地学习，模拟考回报给我的也只有比一本线高 20 分的成绩，可浙大的录取分数要高出 80 分，更令我难过的是我只剩下四个多月的时间了，除非奇迹出现，否则高考一定会无视我这 10 年的梦想。每次想到自己离浙大还有那么远的距离，心真的好疼，那种疼痛能让你站不稳，接着头晕目眩。是的，我爱浙大，可是我却没有为她拼命地付出。

4 个月后，无论我成功与否，我都会在志愿上填上你的名字，为了你再拼一年也值得——浙大。义无反顾起床，补习物理，下午上课班主任给了我一个惊喜，省里诊断性考试成绩出来了　我排在班级第一，年级 23 名，市里 46 名，这还不是最令我激动的，重点是她说，孩子，你考浙大有望了。

我还记得高一时，老师叫我们写梦想，我以年级第 362 名的身份，写了浙江大学。我看到班主任对着我笑笑，那笑容里有讥讽有无奈，然后对全班同学说，同学们，确定目标是要与实际相结合的。下课后，我到办公室把话撂下了：你说得对，我是班上倒数，年级三百多名，考浙大的只会在前 30 名里出现，但你凭什么就敢断言我不能成功。2010 年我会让老师你发现，经验永远敌不过奇迹，你会亲眼见到我创造的奇迹。

从那天起，我就让补课充实了我的周末，我奔走于各个教学大楼，只为找到一个公认的补习得不错的老师。数学老师家离我家很远而且在晚上补课，我每个星期六晚上都得骑着自行车经过路灯昏暗的小路，说实话我是个胆小的姑娘，每次都得心跳加速一阵子，次数多了，就不怕了，我要创造奇迹胆子小了可不行。我每天给自己的目标是心不存疑，一发现疑问，就奔向理综办公室，那是个温暖的地方，每个老师讲解得都很耐心。我不知道你们能不能明白"未浙"人给予我的力量：为了浙大，我从家搬到了学校，每天穿行于教室、食堂和寝室；快两年了，我每个星期出一次校门，每个月回一次家；我忙于背单词，忘记食堂饭菜的难以下咽；忙于整理数学题，没有听见爸爸妈妈问候的电话；甚至是打针的时候我都会不停地在生物书上勾勾画画。困了，我就大声念出来；累了，我就听着下载的英语美文跑跑步，别人的 mp4 里是《2012》《柯南》，而我的只有《陈情表》《滕王阁序》《新概念英语》，只为了一丝不苟地执行我的长分计划，我要让自己有资格以"未浙"自居。

高二上学期，第 200 名，二本线上，距离浙大 180 分；高二下学期第 140 名，接近一本线；高三第一次月考第 120 名，超一本线 1 分，距离浙大 79 分；高三，市第一次调研，第 54 名，超出一本线 20 分，距离浙大还差 60 分；高三，省第一次调研，距离浙大 8 分。浙大，我终于成了一个离你很近的孩子，你看到了吗？其实，我好想家，可是为了你，我必须在学校生活，我会一直坚持到高考……吧里的同学们，加油啊……

看到女孩写下的经历，我真的很感动，这是一份怎样的坚持，也许她经历了挫折，但是她从未放弃，为了她的梦想，她坚持着投入着，于是她接近成功了。正如衡水中学流传着的一句话——无论怎么坚持，我都可能失败；无论怎么失败，我都始终坚持。所以，在你感到最痛苦、最没有希望的时候，一定要想想学习进步的阶梯形曲线，鼓励自己坚持下去，直到实现阶段性突破。

真正的恐惧来自恐惧本身，害怕失败就是最大的失败。

秘密四：要做正规军

为什么会做的题目却出错？不是你所谓的粗心、大意、马虎，而是你做题不规范，只要养成了规范化解题的习惯，会做的题目是不会出错的。很多同学喜欢看题而不做题，看会了并不意味着你就能做对，一定要拿笔做题。

我的一些朋友是高考阅卷老师，我常跟他们讨论阅卷的事情。每个判卷的老师很想给你们分数，可就是找不到给你分数的点，说实话老师比你痛苦，想给你分数还给不了，多痛苦啊。标准化的解题要落到得分点上，理科题目和一些文科问答题都有采分点，只有写出采分点才可以得到分数。

尤其是数学，这是最需要规范化的科目，很少有同学仔细研究课本上的例题，例题为什么要这么解，它的步骤为何这么安排，定理、推论是如何应用的，这都是你要学习的。

详细的规范化解题方法，你可以参考《学会自己长大2》一书。

秘密五：只做最重要的事情

在学习的同时，你还会遇到各种各样的事情，尤其到了初三或高三，要懂得取舍，譬如有的同学喜欢玩游戏，这时就要考虑限制时间，或者暂时先不玩。用智慧来做出正确的取舍，用意志来坚决贯彻自己的计划，用乐观的精神来面对现实的无奈。

你可能会问，怎么取舍啊，有没有办法，我给你讲一个故事，看看故事中的人是如何取舍的。

美国伯利恒钢铁公司总裁查理斯·舒瓦普曾会见效率专家艾维·利，问他怎样才能把公司管理得更好。

艾维·利说可以在10分钟内给舒瓦普一样东西，这东西能使他的公司的业绩提高至少50%。然后他递给舒瓦普一张空白纸，说："在这张纸上写下你明天要做的最重要的六件事。"过了一会儿又说："现在用数字标明每件事情对于你和你的公司的重要性次序。"这花了大约5分钟。

艾维·利接着说："现在把这张纸放进口袋。明天早上第一件事情就是把这张纸条拿出来，做第一项。不要看其他的，只看第一项。着手办第一件事，直至完成为止。然后用同样方法对待第二件事、第三件事……直到你下班为止。如果你只做完第一件事情，那不要紧。你总是做着最重要的事情。"

艾维·利又说："每一天都要这样做。你对这种方法的价值深信不疑之后，叫你公司的人也这样干。这个实验你爱做多久就做多久，然后给我寄支票来，你认为值多少就给我多少。"

整个会见历时不到半个钟头。几个星期之后，舒瓦普给艾维·利寄去一张 2.5 万美元的支票，还有一封信。信上说从钱的观点看，那是他一生中最有价值的一课。后来有人说，五年之后，这个当年不为人知的小钢铁厂一跃成为世界上最大的独立钢铁厂，而其中，艾维·利提出的方法功不可没。这个方法还为舒瓦普赚得一亿美元的利润。

艾维·利这个价值 2.5 万美元的方法其实可以用一句话来概括：只做最重要的事情。

只做最重要的事情，总结出步骤是：

步骤一：每天写出你要完成的六项最重要的事情；

步骤二：按照重要性排列，在六项最重要的事情前标明做的顺序：1 至 6；

步骤三：第二天拿出纸条，先专心做完第一件，记住不用考虑第二件事；

步骤四：当完成第一件事后，再专注做第二件；

步骤五：依次做完其他的四件事；

步骤六：每天坚持做以上五步。

从现在开始尝试吧，只需坚持一个月，你就会发现，你的学习效率提高了不知多少倍，你居然完成了许多看起来要花两三个月才能做完的事情，而且时间也突然变得好像花不完一样。

这种方法能让你做出选择，把时间和精力花在最值得做的事情上，而不会被琐事干扰。拿破仑·希尔归纳了四条做不值得做的事情的坏处，十分经典：

1. 不值得做的事情会让你误以为自己完成了某些事情；

2. 不值得做的事情会消耗时间与精力；

3. 不值得做的事情会浪费自己的有效生命；

4. 不值得做的事情会生生不息。

请立刻行动吧，记住：只做重要的事情！

秘密六：集中优势兵力，各个歼灭

无论你做什么、怎样做，在同一时间你只能做好一件事。高考要考很多科目，每个科目都有好几本书，每本书都有好多章，要想学好，唯有集中优势兵力，一个一个解决。如果想同时把这几门课都学好那是不现实的，你要按顺序来，先重点提高一个学科的分数，再去提高另一个学科的分数。

你想高考成绩提高 50 分，那么不妨先把主要精力集中到某一门科目上，譬如数学，在一个合理的时间内全力补习数学，争取把数学成绩提高 10 分；然后再把精力转移到另一门，再争取提高 10 分。这样做的效果，肯定比你同时恶补所有科目的效果要好。

所以，请选择你觉得最容易提高的科目开始突破；如果不知道哪个最容易，那就随便选择一个，而不要想一下子全部提高，因为如果那样做，最后可能是所有的科目都无法提高。

按部就班就是最快的学习方法

很多同学问我，有没有什么好的办法让他们的成绩很快提高，他们总想找到最好最快的方法。其实，哪里有这样的方法啊，当你在等待、寻找这样的方法时，你已经错过了真正好的办法。

见效最快的学习方法，就是列出问题，找出问题原因，然后循序渐进，一个一个地消除。譬如，数学没有考好，拿出试卷分析下，看看有多少题目没有做对，找到做错的原因，看看其中有多少是因为不理解这类考点做错的，这是知识储备的问题，把它们都写到一张纸上。你也可以拿出最近考的几份试卷，把不会做的题目的知识点列出来；然后，开始列出复习知识点的顺序，从第一个知识点开始一个个地掌握，把该类知识点掌握了，再找到该类题型的解题规律，再找一些类似题目尝试练习，你看是不是就可以解决这个问题了。其实，数学没有多少知识点，按照这样的顺序，你觉得会用多久把所有不理解的知识点消灭掉呢？

可悲的是，很多同学天天在那里喊天喊地，希望有人给他们一种方法尽快帮他们提升成绩，殊不知解决问题的方法就在自己手中，是自己不行动，这能怪得了谁？在高中，我的数学老师告诉我，做数学最好的方法，就是拿起笔把题目的已知条件都列出来，将要求解的东西也列出来，然后，一步步写出求解步骤。简而言之，就是你要动手写出来，只看不动手，只思考不写出来，你很难做对题目。

为什么有那么多同学希望能找到一个方法让成绩快速提升呢？很简单，很多同学普遍存在一种心态：寄希望于有一种走捷径的学习方法，使自己能够迅速提高成绩，后来居上。你要记住：世界上没有所谓快速提高学习成绩的好方法。无论什么样的方法，要真正取得成效，都必须依靠持之以恒、循序渐进的努力才能出成果。

我曾跟高三同学谈过我的学习经历：为什么在高考前的一年，我的成绩能提高那么快？没有什么特别的方法，我仅仅是按部就班地学习，这个过程很轻松，因为我知道我哪些题目不会，哪些知识点我没掌握好；然后，把这些不会的知识点一个一个地弄会，仅此而已。

所以，正如拿破仑·希尔所说："按部就班地做下去是实现目标的唯一的聪明做法；想要实现任何目标都必须按部就班地做下去才行。"

所以，在学习中遇到困难的时候，你可以这样告诉自己："要创造奇迹，我办不到，我只有谨慎从事，一步一步小心翼翼地前进，才可能取得成功。"只有戒骄戒躁，每天按部就班地按计划学习，反而有可能取得不可思议的巨大进步。

理解你的经历。

提高成绩的九个绝招

尽管很难令人信服，但我相信如果愿意的话，每个人都能取得好成绩，就算他们之前从来没有过好成绩或学习一直都有问题也没关系。如何在学校实现学习上的成功，我想你可以借鉴下面的"绝招"。

绝招一：相信自己能行——破除自我设限。首先你一定要相信自己的能力，不要给自己贴上"笨""学习不好""差生""得不到高分""不是学习的料""没有可能学好""我不行"这样的标签，你需要改变原有的思维模式，解除自我设限！

记住：相信自己的能力，不要迷失在别人的声音中！

绝招二：敢于梦想——设立特定目标，并为目标规定期限。敢于想象你想成就的事情，比如，我想考上北京大学，没有不可能，看你敢不敢想，敢不敢为梦想拼搏！把梦想变成特定目标，并将目标分解成阶段性可以达到的小目标，同时为每一个小目标规定切实可行的期限。

绝招三：姑且试试看——迈出关键的第一步。某同学进步了，你有没有这种想法："那是我没努力，如果我努力了一定行，什么时候我也努力一把。"如果有"什么时候我也试试"的想法，估计是很难实现了，你不妨抱着"试试看"的轻松心态学习某个学科或解决某些问题。

记住：想要做的事情，不管怎样先试试看，当你迈出了艰难的第一步时，目标已经实现了一半！

绝招四：从概貌开始，选择一本合适的基础书籍——专心使用一本参考书，将所有重点题目或信息集中到基础书上。了解一个城市，不是走遍每条街道，重要的是你需要一份地图！学习也如此，你要学会从概貌开始学习，明白这个科目的整体情况，而不是在一个又一个知识点间打转。从概貌入手选择合适的入门书籍，入门书籍要内容分量少、但又集中了该科全貌，能在短时间内快速看完且简单易懂。如果入门书籍过于模糊、厚重，会让你讨厌这一科目，进而兴起放弃的念头。选好入门书后，要选择合适的基础书籍——集结了该科绝大部分内容的书籍，记住：学会将所有你想得到的题目或重点信息集中在基础书上，正所谓一书在手考试不愁！只要将所有信息集中在一本书上，就可避免看到某个题目有印象却还要到处翻书寻找的情况，所有你想得到的题目或重点都可以在一本书上找到。

绝招五：学会从一点突破，集中优势兵力，各个歼灭。通过彻底学习某一方面的知识，从而调动起对其他相关知识的兴趣。无论你做什么、怎样做，在同一时间你只能做好一件事。中高考要考很多科目，每个科目都有好几本书，每本书都有好多章，要想学好，唯有集中优势兵力，一个一个解决，如果想同时把这几门课都学好那是不现实的，你要按顺序来，先重点提高一个学科的分数，再去提高另一个学科的分数。所以，请选择你觉得最容易提高的科目开始突破；如果不知道哪个最容易，那就随便选择一个，而不要想一下子全部提高，如果那样最后可能是所有的科目都无法提高。

绝招六：选择志同道合能提高效率的学习伙伴。若能与学习伙伴相互学习相互鼓励，彼此最后都有可能顺利上榜。但成绩优秀的同学也有可能被不好的伙伴影响，最后以落榜收场。最有效的学习方法之一就是"教导他人"，因为教导他人的同时，自己的理解度以及记忆能力都能有很大的提升。答题时内心要有一个声音："我能写出让原本连解题方法都不会的学生看了之后能马上明白的答案吗？"所以找一个学习伙伴，不要担心对方成绩比自己差，只要彼此能交换学习信息就能节省学习时间，教导对方的同时自己也受益匪浅。知识和信息并不会因为告诉了谁而消失，反而会成为双方的思绪整理及知识成长的营养源，因此"教导方与被教导方"的相互作用行为，给双方带来的好处是无可限量的。你要远离那些有消极倾向的同学，多和有上进心的同学交往，积极乐观的人、有强烈进取心的人会激励你也成为那样的人。

绝招七：磨刀不误砍柴工——时间要对照效益。无论学习多么紧张，都不能忽略了健康和休息，睡眠要保证，早餐要吃好（这个很重要，严重地说，早餐甚至决定了一天的收获）。大脑需要大量的葡萄糖，所以你可以准备一些糖（尤其是葡萄糖）随时补充大脑能量。困了累了即使坚持学习，大脑运转也不会特别好，不如好好休息一下，等精力恢复了再学习。能用一小时学到的东西不要用两小时学，关注的是该做的事情，考虑的是单位时间内做到多少。

工具八：60 秒内消除紧张和疲劳

方法一：身体站直，两臂尽可能伸直高举过头。然后俯身弯腰放松，不必去碰到脚趾，不要强迫自己下弯。从容、放松地下弯 10 次，然后再站直伸开两臂。

方法二：下巴顶住胸，慢慢地把头向右转两次。

方法三：把手指放在脖子后面头盖骨的底部，你会感觉到那里有一个凹部，用手指一下一下地轻轻按压，手指一边按压一边向下移动，一直到手所能达到的脊椎骨为止。

方法四：把肩膀向前转动五次，然后向后转动五次。

绝招八：利用记忆规律保持记忆。德国心理学家赫尔曼·艾宾豪斯 (Hermann Ebbinghaus) 的"记忆遗忘曲线理论"告诉我们：人在学习中的遗忘是有规律的，遗忘的进程很快，并且先快后慢。学得的知识，大脑过 20 分钟后还能记起全部内容的 58.2%，1 小时后为 44.2%，8 小时～9 小时后为 35.8%，1 天后为 33.7%，31 天后则只剩 21.1%。所以，开始记忆的第一天是"决胜关键"。你诵读的次数越多、时间越长，则记忆保持越久。利用记忆规律，你需要知道：分散学习比集中学习更有效。比如一次背 50 个单词，不如利用片刻空闲一个一个背诵来得有效；如果你要持续学习，最好将不同学科进行组合，复习一小时后换另一个学科复习，这比单一学科复习更有效果。

工具九：反刍——5 分钟反刍和睡前反刍

　　将学过的内容快速地在脑中回想一遍，不清楚的地方再确认一下课本、练习题或辅导资料，并将内容在脑海中回想一次。一小时学习的内容只需要 5 分钟的回想时间，但对于保持记忆是非常重要的，所以当你学习了一个小时后，可以停下来用 5 分钟的时间回忆一遍。每天入睡前，回想或再看一遍一天所学的内容，因为睡前没有干扰事件，记忆会存储得更牢靠，所以比起记忆过后直接复习效果更好。

绝招九：要做正规军——标准化解题。要养成规范化解题的习惯，研

究标准答案，找到得分点，每一步如何来的，为什么这样写，应用定理推论的条件是否完整；平时答题要追求完美，扣准得分点。不要仅仅停留在看和会做上，会做未必会得分，要拿出一些题目练习答题，并且力求完美的标准化解答。

Part

three

糟糕的情绪，到底该拿你怎么办

有人说青春期的孩子容易冲动，难道真的如此吗？坏情绪像一根绳索，一旦你裹缠上了身便难以解开。成长的过程中，出现负面情绪也是正常的，可是不加控制的负面情绪却是可怕的，原本简单的问题也可能变得复杂。情绪化的背后隐藏着你不曾仔细想过的真相，情商将为你打开这扇"门"……

限制自己发挥的无形魔手——考试焦虑

考试的魔障

很多同学受困于考试，在 QQ 上我经常看到关于考试焦虑的留言：

"进入高三后，每次考试前的复习我都无法集中精力。一想到考试我就心跳加速，觉得全身的血液都在沸腾，静不下心来。考场上，拿到试卷我头上便直冒冷汗，越想冷静便越心慌，甚至大脑出现一片空白。"

"高考一天天临近了，事先拟订的学习计划完成不了，内心很焦急，老是担心考不好，我总觉得自己的肩头压着一副重担，既抬不起，又放不下，只好弯腰艰难地向前行进，晚上睡觉经常做噩梦。"

"每次考试的时候我都很紧张……简单的题目还好，难的就完了……但是遇到的难题在平时都会做的，怎么办啊？太难的题目我会先吓傻的。"

"上高三后，我的成绩一直不理想，每次考试后，我都很怕回家，不是怕父母的责备，而是怕他们那种关爱和理解的眼神。我的成绩考上不去，父母总是这样安慰我：'不要埋怨自己，尽力就行了，能考多少就多少，能考上什么学校就上什么学校。'父母越这么说，我就越怪自己不争气，越觉得欠父母太多太多，每次考试我都特别担心考不好，我不能再让他们失望了，越是想考好越是紧张，就越怕让他们伤心，好难过。"

你在害怕什么？

"分分分，学生的命根"，一到考试，很多人心里既紧张又兴奋，不管你学习好，还是学习一般，总是对考试有特殊的"情怀"，总逃不出考试的"魔爪"，经常莫名地紧张，一到考场心里就"发毛"。我们不妨做个小小的调查，看看你的情况（见表3-1）。

表 3-1　考试状况小调查
1.考前你紧张吗，有什么表现：
2.你紧张的原因是：
3.考试的时候你紧张吗，你想些什么：
4.考试中紧张或胡思乱想的原因：
5.对于考试，你有什么样的担心，为什么：

说实话，考试都快成了中国孩子的阴影，我曾在大学做讲座时做过一个调查，问听讲座的学生晚上做梦经常会梦见什么。他们晚上经常梦见自己在考试！考试几乎成了他们的噩梦！对于考试，每个同学都有自己担心的原因，我总结了一下，大概有以下几种：

担心自己准备不足；

担心考砸了会被同学瞧不起，没面子；

担心考砸了未来前途就没了；

担心考不出好成绩对不起父母和老师；

由于平时成绩不错，自己的目标较高，担心成绩被不如自己的人超过；

有自卑感，想考出好成绩，但信心不足，责备自己，自怨自艾；

平时知识掌握不牢靠，考试时心里没有把握；

…………

心理学上有一个定律叫"耶克斯—多德森定律"，表示动机与工作效率的关系。当一个人做一件事的动机强度处于中等水平时，工作效率最高，一旦动机强度超过了这个水平，对行为反而会产生一定的阻碍作用。譬如学习的动机太强、急于求成，会产生焦虑和紧张，干扰记忆和思维活动的顺利进行，使学习效率降低，考试中的"怯场"现象主要是由动机过强造成的。

我有过这样的经历，晚上一个人走在路上会经常回头，总觉得后边有什么东西，你有过吗？为什么会恐惧呢？人最大的恐惧来自于哪里？你想过这个问题吗？在一次讲座中我跟听讲座的同学分享过我的看法：人最大的恐惧来自于对未知的恐惧，因为不知道它是什么样子的，内心经常会描绘出各种令自己恐惧的东西，我想怕"鬼"就是如此，我们从没有见过"鬼"，却描绘出了各式各样恐怖的鬼怪，如果鬼怪能定个样子也行，但就是不能，于是你脑海中又会浮现出你最怕的那种恐怖样子。

考试也是如此，谁都害怕考试出问题，万一考不好该咋办，不管你学习如何都经不起这个打击，而这恰恰是"未知"，因为没有发生，我们难以遏制自己往坏的地方想，这太可怕了。考前不是没有事情可做，而是你发现自己还有很多东西没有掌握好，这种状况让你感觉到不安，一旦能做的事情多了，你反而不知道要去做什么。对于这类情况我更建议你做些基础的重点题目，尤其是自己擅长的，人的大脑很简单，不能同时做两件事，你一旦占用了大脑就不会胡思乱想了。

所以，要明白一件事，没有压力一点都不紧张，是不正常的；只要压力适中，紧张程度适中，对考试是有好处的，这有利于保持高度的注意力，从而更好地完成考试。

小心不合理的信念

　　人的想法很奇怪，很多念头出来得莫名其妙，正常状况下是不会产生的，可偏偏在某些情况下产生了。一旦出现了不合理的想法，就容易陷入恶性循环，譬如，越紧张，就越考不好；越考不好，就越害怕考试，在考场上就更紧张，成绩也就越差；而成绩越差，就越容易紧张。

　　正如古人所说，"世上本无事，庸人自扰之"。人们之所以会有很多奇怪的想法和心态有关。美国成功学学者拿破仑·希尔曾说："人与人之间只有很小的差异，但是这种很小的差异却造成了巨大的差异！很小的差异就是所具备的心态是积极的还是消极的，巨大的差异就是成功和失败。"正是由于这两种心态，才产生了两类人：一种是用消极悲观态度思考问题，凡事都往坏处想的人；另一种是用积极乐观态度思考问题，凡事都往好处想的人。

　　乐观积极的人早上从床上跳起来说："早上好！"悲观消极的人会把被子拉到头上呻吟道："天哪！又到早上了。"我更希望你能拥有积极乐观的心态，面对问题看到的是机会。举个简单的例子，距离高考只剩一个月了，乐观的人会想：还有一个月，我还可以学很多东西；悲观的人会想：只剩一个月了，惨了，我还有很多东西没有学呢，这可怎么办啊！

　　犹太人号称是世界上最会赚钱，又最具有智慧的民族，我很喜欢他们的一个谚语，说的是："如果断了一条腿，你就应该感谢上帝不曾折断你两条腿；如果断了两条腿，你就应该感谢上帝不曾折断你的脖子；如果断了脖子，那就没有什么好担忧的了。"考试算什么，紧张又如何，你完全可以修炼这样的神功——"它强任它强，轻风拂山冈；它横任它横，明月照大江！"

　　然而，正是由于很多同学有消极悲观的心态，才出现了各种各样不合理的想法，不合理的信念。譬如，有的同学对自己提出了过分完美的要求——我的成绩必须要超越所有人，我要门门都考好；有的同学歪曲了考试分数对人的意义——如果考不好就说明我的能力差，我就没有价值了；有的同学是缺乏根据地自我怀疑、自我挫败——只要复习不全面，就会遇到没复习过的题目。他们往往是把事情绝对化、以偏概全或者主观臆测。

很多同学有类似这样的消极自我暗示：

"要是考不好怎么办？"

"考不好多丢人！"

"我真没用，老是考不好！"

"要考试了，这下可惨了！"

我建议你经常做一些积极的自我心理暗示，譬如：

"我能行！"

"我知道我能应付这个考试。"

"记住！放松！慢慢地！小心地做！"

"虽然题目难了一点，但我准备得很充分，难不倒我。"

"太棒了！我又做完一题了！"

"紧张很正常的，没关系，做个深呼吸，放松！"

"现在只管考试，不必担心其他事务。"

"我可以做得到！"

"心想事成"的魔力

　　如果经常把自己想成什么样子，渐渐地，你就越像是什么样子，最终就成为什么样子。如果你一直关注自己不好的方面，你就会搜集各种"不好"的证据来证明自己是不好的；如果你一直关注自己优秀的方面，你就会搜集各种"优秀"的证据来证明自己是优秀的。

　　我们都有过这样的经历，假如你做错了一件事引起了老师和父母的批评，那批评你的理由绝不仅仅是这件事，他们会找出以往和这件事类似的事情一起来批评，因为这样才有说服力。

　　人有一种很神奇的认知模式，我把它称为"蜡烛模式"，也即我们只能看到"蜡烛"照亮的部分，简单说就是，我们看到的是我们愿意看到的世界，是我们自己构建的世界。

　　心理学中有两个定律可以给我们一些借鉴：

　　墨菲定律：越害怕的事情越容易发生。生活中经常发生这样的事：不带伞时，偏偏下雨；带了伞时，偏不下雨！等车时车不来，不等时一辆接一辆！这很无奈，但是确实常在发生。你害怕考试会出这章的题，结果考试就出了；你越是担心考试出问题，结果就真出了。假如你兜里揣着一万元人民币，生怕别人知道也生怕丢失，所以你每隔一段时间就会用手摸兜，看看人民币还在不在，于是你的规律性动作引起了小偷的注意，最终被小偷偷走了。即便没有被小偷偷走，那个总被你摸来摸去的兜也可能会被磨破，时间久了钱也会掉的。

　　越害怕发生的事情就越会发生的原因在于：越害怕越会关注，而过分的关注就带来了这方面的行为；因为害怕发生，所以会非常在意，注意力越集中，就越容易犯错误。

　　麦克斯韦尔定律：越想得到好的结果就有好的结果。事情总是很奇妙，你只要往好处想，就会得到不一样的结果。麦克斯韦尔定律就是这样一个定律，它告诉你：任何事情都看似很难，实质不难；任何事情都比你预期的更令人满意；任何事情都能办好，而且是在最佳的时刻办好。它给了我们积极的启示：我们可以把一件事情做得比预期的更令人满意，一切问题都是可以解决的，无论是怎样的困难和挑战，我们总能找到一种办法或模式战胜它。

请记住：心想事成的秘密在于你心里想的是什么，假如你想的是积极的事情，就会关注积极的方面，从而得到积极的结果；假如你想的是消极的事情，就会关注消极的方面，从而得到消极的结果。

大家都憧憬着
希望梦想成真！

关键时刻掉链子的原因

有不少同学平时学习成绩很好，可是在关键的大考中却"掉了链子"，如同篮球运动员在决定胜负的罚球上投篮偏离目标，甚至连篮板、球篮、篮网的边都沾不上。被《快公司》誉为"21 世纪的彼得·德鲁克"的马尔科姆·格拉德威尔有篇叫《失败的艺术》的文章，他指出人们之所以在关键时刻掉链子，是因为对自己正在做的事情想得太多，从而失去了本能反应。

当你对自然而然的事情思考过多，或者当你漫不经心按照简单或不正确的方式行事时，就会造成思维短路，而思维短路正是你在关键时刻"掉链子"的原因！在压力下你可能发生思维短路，表现为在困难面前表现糟糕，不过思维短路并不是简简单单的表现不佳，而是一种"次优表现"，是你在本该做得很好的情况下却表现得比预期糟糕，甚至比之前的表现糟糕。

我们都想尽可能地成功，但具有讽刺意味的是，正是这种想法让自己有了最糟糕的表现。那么都有哪些因素容易导致思维短路呢？

过强的自我意识。如果你在关键比赛、考试中还要分出精力和注意力来担心所处的境况、事情的结果以及他人对自己的看法，担心会因某次失败而输掉一切，或者怀疑自己是否有能力取得成功，就很容易让思路混乱起来，动作失调，导致表现欠佳。忧虑本身不足以成为考试或比赛失败的原因，但你在忧虑下对细节的过分关注反而会使你栽跟头。试想走路这个每个人都熟悉不过的动作，如果你什么都不想，按照平时那样走，即使是匆忙中慌慌张张下楼也不会摔跤，但如果让你在慢慢走下楼梯时仔细关注你的膝盖是如何弯曲的，你就将放慢速度来思考这一物理过程，以至于破坏了你走路的节奏、脚步，最终可能在楼梯上摔倒。

当一个人做某件事时，如果在他面前放一面镜子或对他进行录像，那么这个人的自我意识就会增强（更能意识到自己和自己的行为）。如果你的朋友、家人或者支持你的人来到了演出、比赛的现场观看，你增强的自我意识会造成你的混乱，原来的支持就变成了压力，思维短路就发生了。

与平时大相径庭的氛围。由于关键时刻、场合的氛围与平时不同，我们很多人都无法在这种氛围中表现出平时的训练水平、学习成果。譬如，一些运动员会因为重大比赛的现场杂音，而发挥失常，以至于向观众大喊大叫。

负面成见。当你意识到有人对你的能力持负面评价时，你就被迫格外看重特定考试、比赛、演出，希望有上佳表现，并将其作为证明自己乃至自己所属族裔等群体能力的依据。这时，你的自我意识就会增强，你越是在意自己在关键场合的表现，花费一部分心思去承担这种表现的外在意义，就越可能出错。记住：仅仅意识到针对自己的成见存在，就能削弱自己的表现。那些有很强能力且很看重自身能力的人在面对自己能否成功的负面猜测时，是最受伤的。

内心焦虑独白。在做题感到焦虑时，你可能会被很多烦扰的想法纠缠着，例如"别搞砸了""我讨厌数学""我的大脑不擅长分析数学问题""啊！做错了一题"等。置身于压力之下，你越焦虑，表现得就越差劲。

关键时刻超常发挥的秘密

我们在平时还可能不去想负面问题，对负面情绪有所抑制，但面临重大挑战时，问题和情绪也很容易"趁火打劫"、浮上心头，转移我们的精力和注意力，越不去想越会想起，如何才能避免思维短路——关键时刻掉链子，让我们一起学习下边的魔法吧！

魔法一：重新肯定自己的价值。在大考前，花几分钟写写自己的兴趣和参加过的活动。这种写作可以增强自信心，重新肯定自己，尤其当你对自己的能力不自信时，这样做可以增强你的自信心，增强你的表现力。

魔法二：列出你的特征。在大考前，花几分钟画个图表，将自己各方面的特征都填写进去。这个方法可以帮助你意识到，一次考试的分数并不能判定你这个人如何，有助于减压。

魔法三：把自己的担忧写下来。将人的情感用文字表达出来能改变大脑处理困难的机制。当一个人反复审视、描述并倾诉自己的负面体验带来的想法和感受时，这种发泄会减少他们想到这些事的次数。在考试开始前，花10分钟写下自己的担忧，这样能削弱在高压环境中你心里的焦虑感和对自己的质疑。

魔法四：在压力下练习。古语云，熟能生巧，模拟你会在考试中遇到的环境，在这种环境（比如有时间限制，同时又没有任何帮助的环境）中练习可以帮助你在考试当天习惯考场上的一切。还有研究表明，用学习材料测试自己而不是单纯地学习，能帮助你长期记住里面的内容。毕竟你要参加考试，因此最好还是模拟一下。记住：营造大考时要面对的高压氛围，并在这种压力下进行练习是最好的防止思维短路的方法。

魔法五：重新理解你的反应。注意自己可能有的偏见，比如"女生不擅长数学""我们班的数学不好""我的数学向来不好"等，你要做的就是提醒自己这些都是老套的成见，这样做能帮助你在压力下不再担心自己的能力。教人回想有关自己能力的成见会削弱成见的影响力，这看似违反常理，不过为自己的担心找些理由，可以使我们不那么把自己的表现看成自己智商的表现。

魔法六：重新审视你的担心。如果你在压力下手心出汗，心跳加速，请记得这些心理反应在你高兴的情况下也会发生。比如遇到了自己喜欢的人，你也会有上述反应。在压力下，如果你能学会从正面（我因为要考试而感到很激动）而非负面（我被考试吓坏了）来解读自己的身体反应，你就能将这些反应转化成对你有利的一面。

魔法七：退一步去寻求最佳解决方案。面对需要大量工作记忆的难题时，先把这些难题暂时放一边，不要去想。这样可以帮助你找到最佳解决方案，这种"酝酿"期能让你将精力从难题中毫无关系的细节上移开，重新想办法或者换一个角度思考，寻找灵机一动的机会，最终使你突破瓶颈，获得成功。

魔法八：换个角度思考——积极的思考角度。从能够凸显你成功可能性的角度思考，而不是去想自己的性别、缺陷或不足等负面的成见，提醒自己有能力做到最好。多想一些积极的方面，多往好的方面想，把精力都集中在自己的优点上，或者把事情往好的结果上考虑，这样有助于你扭转局势，有好的表现。

调整考试心态的六大方法

方法一：合理情绪认识法。完成下边的表格（表3-2），充分认识自己情绪的合理性。

表3-2 考试状况小调查	
问题提示	**你的回答**
高考越来越近了，我既兴奋，又紧张，因为……	
备考这段时间有些紧张、烦躁的心情是很正常的，因为……	
虽然在模拟考试中我的成绩不太理想，但是……	
模拟考试中我的成绩不错，我相信……	
昨天已经过去，永不复返，所以……	

方法二：微笑法。很多人不会微笑，告诉你一个练习微笑的窍门。用门牙轻轻地咬住木筷子，把嘴角对准木筷子，两边都要翘起，并观察连接嘴唇两端的线是否与木筷子在同一水平线上，保持这个状态10秒。当然，你也可以不用筷子练习，微笑很简单：把嘴角两端一齐往上提，露出6至8颗牙齿（这是奥运标准的微笑哦），眼睛也笑一点。微笑时，有点像念字母"E"。

每天见到任何人，都要做这个动作哦，不要害怕别人笑话，在家里也要求你的父母这么做。当然，你可不要搞得皮笑肉不笑，不然会吓死人的。

建议你每天抬头挺胸，面带微笑，也形成自己的招牌动作，可以是胜利的"V"手势，同时高喊：Yes！

方法三：拍手法。当你情绪很压抑，或者有些紧张时，不妨伸出你的左手向上倾斜45度，再伸出你的右手向下倾斜45度，用你的左手拍打你的右手，同时喊一句：Yes！来三遍。可以用力地拍，加快你的节奏！

方法四：模拟高考法。先说一个试验，有研究人员把水平相似的足球队员分为3个小组，告诉第一个小组停止练习射门一个月，第二个小组在一个月之内做到每天下午在足球场上练习射门一个小时，第三个小组在一个月中每天在自己的想象中练习一个小时射门。结果，第一组射门的成功率由39%降到了37%；第二组射门的成功率由39%上升到了41%；第三组射门的成功率由39%提高到了42.5%。

这是一个让不少人意外的结论！在想象中练习射门技术，怎么能够比在足球场中练习射门技术要提高得快呢？很简单，因为在我们的想象中，我们踢出的球都进入了球门！成功者就是这样，他们不断地创造或者模拟着他们想要获得的经历，模拟着成功，仿佛他们就是一个成功者。结果，他们就成了成功者。

以高考为例，高考时间是每年6月的7号、8号两天，你可以在4号、5号、6号这3天模拟高考过程，在大脑里把高考的过程美好地想象3次。其实，现在很多学校都在临考前的一个月内模拟这种高考情形，效果也大多不错。

闭上眼睛，现在开始想象：

明天就要开始美好的高考了。带上准考证，带上我那支心爱的钢笔，它总能给我带来好运。清晨起来，伸个美美的懒腰，喝杯牛奶，吃两个鸡蛋，味道太好了。出门走在马路上，一阵风吹过来，沁人心脾。路上的行人只要看我一眼的都祝我高考成功；没有看我的，都在心里为我祈祷成功。走到考场外面，我有点紧张，于是深呼吸3次，走进考场，找到自己的位置坐下。今天的老师一个都不认识，但都很可爱。卷子发下来了。我想起年轻的奥运冠军朱启南说过的一句话："我不可能打满环，但我必须打好每一环。"高考总分是750分，我不可能拿满分，但我能拿到最高分。于是我浏览一遍卷子，先易后难，把简单的题目挑出来立刻答完。碰到太难的题目，就想起一句话："人生要学会放弃。"我果断地把它放弃。答完基础题后，还有时间再去攻克这些太难的题目。

答完卷子我又想起一个伟大的诗人，叫徐志摩。他说过："立刻消失在人群中。"于是我立刻消失。到了家后，我与家人已达成高度默契。我们不需要语言交流，一个眼神就知道什么事情发生了。晚餐端上来，我美美地吃七分饱，不吃油腻食品。吃完后走进书房，想想明天要考的基本内容。想完后我就进入甜蜜的梦乡，梦见高考成功，白雪公主出现。

试着这样，在高考的前三天每天模拟一次，来调整自己的紧张心态。对于初三的同学来说，也可以模拟中考情形，人的大脑是接受心理暗示的，人的想象力对人的行为有巨大的指导作用。

方法五：运动消除法。 高三一年是紧张而又富有压力的一年，临近高考时，你的压力值也接近了承受的极限，这个阶段，你的情绪波动比较大。当出现这种情况时，建议你跑到操场或者小区里，跑跑步，或者拿出百米冲刺的劲头冲刺一把，这可以让你把不爽的情绪发泄出来。尽量不要做冲撞比较剧烈的运动，以免受伤，适当的体育锻炼绝对可以提升你的学习效率。

方法六：不是办法的办法。 有些同学实在没底，怎么办？好吧，去求个护身符或者找一个能给你带来好运的东西，沾沾福气，你心里觉得舒服就行。

这些准备帮你赢得考试

考试用品的准备：战士上战场要带着兵器，没有武器的士兵上了战场，就惨了。所以高考时，一定要准备好自己的工具，不能空手上考场。譬如，准考证、文具用品、手表、眼镜，以及去考场的交通考察。交通考察很重要，现在很多家长在孩子高考时租了附近的宾馆给孩子休息；如果没有租，你要提前做好准备，乘坐什么车去考场，要考虑到堵车怎么办。

上边提到了眼镜，不要笑，真有同学高考的时候忘记带眼镜了，结果车行一半又折回去取，最要命的是北京的交通还是很可怕的，这名同学还差点考试迟到，我想这对他考试的影响是太大了。

注意：一定要在考试尤其高考前的头一天晚上准备好。

考试体能的准备：有不少同学临近考试时，还处于紧绷的状态，复习的强度更大了，作息时间比较混乱。你需要调整自己的作息时间，尽量地调整到中、高考的时间段，保证睡眠和休息，同时，营养上要保证好，我想这点你的父母绝对可以给你保证。不过要注意的是，不要什么都吃，这个阶段父母是什么好让你吃什么，这不一定很科学，弄不好还会让你的消化出问题，建议你适当多吃些富含蛋白质、维生素的食物，如瘦肉、鱼、蛋、牛奶、新鲜蔬菜、水果等，少吃含糖和脂肪高的食物，多吃些五谷杂粮。

注意：饮食方面，不要吃过于新奇或者以往没有吃过的东西，特别要注意卫生，同时还要保证适当的体育锻炼。

考前准备：高考是在夏天进行，中午容易犯困，所以可以适当来些提神的东西，譬如，清凉油、风油精、咖啡、茶、红牛、保健型饮料。

注意：对于提神的饮料或保健品要慎重，如果没有使用过最好不要在考前使用，避免在考场上出现问题，你可以提前几天在模拟高考中实验好。还有，注意不要喝太多的水，否则容易跑厕所，影响你的答题。

考试准备：进入考场，进行考试要注意三个事项。

事项一：填好该填的东西，譬如姓名、准考证号；

事项二：采用"圈地法"答题；

事项三：应对怯场或大脑空白现象。先深呼吸让自己放松，停止阅卷、答卷，对自己说些鼓励的话，比如"我相信自己可以考出最好的水平""只要尽力就问心无愧""这次试题很难，大家都一样"，转移自己的注意力。

考后准备：试卷答完后检查好要上交的东西，不要落下；考试结束后，不要跟同学碰面对答案，要立刻消失，只要你不消失，你就会不由自主地做两件事：一是对答案，对那些没有把握的答案；二是听人家对答案，10分钟不到，你的世界末日就出现了。碰到自己的父母，什么也不要说，微笑，一个眼神就够了，越说你只会越烦躁。

注意：只要成绩没有下来，就不要怀疑你的发挥，每次都要认为是最好的发挥，不要怀疑中间一科是不是出了问题，答完一科，就进入下一科。

你怎么可以比我优秀？——羡慕嫉妒恨

迷失在嫉妒中的青春

一个刚升入高中的男孩，上半学期由于同学间尚互不认识，老师指定他暂任班长。半学期后由于与同学关系不和，被撤换班长之职。于是，他就疑心是某同学在老师那里搞鬼，嫉妒他的才干，认为自己受到了排挤和压制。他对自己被撤换一事耿耿于怀，愤愤不平，认为同学与老师这样对他不公平，指责他们，埋怨他们，后来常为此与同学、老师发生冲突，有时还告状到校长那里，并要求恢复他班长之职，否则扬言要上告、要伺机报复。大家都耐心细致地劝他，他总是不等人家把话说完，就急于申辩，始终把大家对他的好言相劝理解为是恶意、敌意。这样无理取闹，与同学、老师的关系日益恶化，到高中毕业时，仍无根本性的变化。

河南信阳一位高中女生，半夜把一杯硫酸泼到同学的脸上，原因是"她比我学习好"。

一位15岁的初三女孩，学习成绩始终排在全年级前五名，但心中有个解不开的疙瘩，只要考不到第一，就不满意，甚至用刀自残。周围只要有谁成绩超过她，就非常希望那个人倒霉。为此，她几乎在学校里没什么朋友，也不明白自己为何会这样。

揭开"魔鬼"的外衣

　　情绪是最难控制的，处于青春期情绪本来就容易波动，每个同学内心都有属于自己的"魔鬼"——嫉妒。在西方文化中，嫉妒起源于《圣经》和古希腊神话，宗教的七宗罪中嫉妒也被囊括在内，这七宗罪是：傲慢、妒忌、暴怒、懒惰、贪婪、暴食及色欲。

　　嫉妒其实就是大家经常谈论的"红眼病"、吃醋、吃不到葡萄说葡萄酸。《心理学大辞典》中对嫉妒的定义为"嫉妒是与他人比较，发现自己在才能、名誉、地位或境遇等方面不如别人而产生的一种由羞愧、愤怒、怨恨等组成的复杂的情绪状态"。它不仅仅是发现自己不如别人，也有来源于争强好胜的欲望。它是一种既不能正确评价自己，又不能正确评价他人的不良心理品质；是一种比较复杂的心理。它包括焦虑、恐惧、悲哀、猜疑、羞耻、自咎、消沉、憎恶、敌意、怨恨、报复等不愉快的情绪。别人天生的身材、容貌和逐日显出来的聪明才智，可以成为嫉妒的对象；其他如荣誉、地位、成就、财产、威望等有关社会评价的各种因素，也都容易成为嫉妒的对象。

　　在中小学阶段，有很多同学存在嫉妒心理，你能发现被嫉妒的东西真的很多，我们一起看看嫉妒这个"魔鬼"有哪些外衣。

　　嫉妒同学的学习成绩。这是最常见的，学习成绩差些的学生会嫉妒学习成绩较好的，学习成绩较好的学生之间也可能产生嫉妒心理，最致命的是学习成绩差的学生还会嫉妒和自己相当的同学，见不得别人比他进步。这样的例子屡见不鲜：成绩不好的同学，不去积极地寻找解决办法，却拉拢一帮人孤立成绩比自己好的同学，在课堂教学中，故意"接下茬"（即常说的"乱插嘴""搭下巴"，主要是指上课的时候，不举手或未被老师提名就擅自发言的一种行为或者说是现象），哗众取宠，博得浅薄的笑声，干扰正常的课堂教学秩序，或在自己嫉妒的对象回答问题出错时起哄嘲笑；成绩好的同学间相互不借给对方自己的资料，怕"肥水流到外人田"，损害自己的利益。

嫉妒同学的各种荣誉。 很多学校都存在这样的同学,他们的学习成绩很好,却不关注德育和体育。他们看到那些虽然成绩不如自己,但在德、智、体三方面综合发展较好的同学当选为班干部、获得"三好学生"等荣誉时,心里就感到很不平衡,极度失落,甚至有些同学还造谣中伤别人。有些同学见不得别人进步,虽然自己已取得某些成绩、获得一些荣誉,却总担心别的同学会超过自己,他们总是打探别人用的参考书、上的补习班、复习的情况,却严密封锁有关自己的一切学习信息。我在很多学校了解到,由于高考的重压,很多同学还玩起了"暗战":会做的题目,也假装不会;自己每晚熬夜到次日凌晨,却在众同学面前标榜自己"学得轻松";一听某人要报考和自己相同的学校,就假扮说客,极力劝说同学放弃报考,目的就是为了让自己的竞争优势变大……这些同学其实很可悲,嫉妒又不愿意分享,不但交不了朋友,还失去了和同伴共同进步的机会,自以为获得了好处,实际上失去了未来竞争的资本——协作,这样的人在未来社会中很难生存。

嫉妒同学的相貌、衣着。 现在由于多数孩子在家都是独苗,加上生活条件也日益变好,很多同学开始了攀比,譬如小学生比谁的书、笔、书包、衣服好看,是不是名牌;中学生会攀比相貌、衣着、手机、鞋等。有的甚至还攀比家里的汽车、父母的职位,盲目的攀比可能使自己的内心受挫,更会导致同学之间的不团结,出现相互讥讽、怨恨甚至造谣、恶意中伤的现象。

嫉妒同学的人缘好。 学校里总有这样的同学,他们性格开朗,热情大方,兴趣广泛,人缘比较好,爱交朋友,交际能力比较强,他们经常会成为同学中的焦点。那些性格内向又无力改变现状的同学会对他们心怀隔阂,并可能把各种不如意归咎于此。现在有很多学习成绩不错的同学,他们的人缘却非常不好,自己觉得成绩好就 NB,不愿意跟别的同学打交道,甚至看不起别的同学,更要命的是自己却又嫉妒那些人缘好的同学,还真是痛苦啊。

对情感占有的嫉妒。 这种嫉妒主要表现在对两人之间关系的一种独占,从而对加入两人之间的第三者产生怨恨、不满的嫉妒心理。在学校里经常发生这样的事情,两个是非常要好的朋友,可是最近一个人发现这个朋友又和其他人走得很近,他/她就很不爽,内心会产生一种不希望好朋友接近别人的想法,甚至采取各种行为阻止好朋友与别人交往。另外,一些学生一旦谈起了恋爱,便陷入了二人世界,不希望自己的对象跟别人交流,只希望跟自己在一起,一且发现她/他和异性交往就会大吃飞醋，甚至找接触对象的麻烦，难怪有人说"高中生，一对一对"，很多同学早恋后，便远离了集体和同学。

"嫉妒是一个绿眼的妖魔，谁做了它的牺牲品，就要受它的玩弄。"你会怎么看待这个"魔鬼"，你有嫉妒的现象吗？

我们做一个心理测试吧，看看你是否有嫉妒心。

测试一：

有一天，你和你的同学相约去公园，天公不作美，突然下起雨来，雷电交加。如果一棵树被雷电击中了，你认为被击中的树处于什么地方？

A.茂密的森林中。B.池塘边。C.长着稀落枯木的山丘上。

测试二：

很久很久以前，狮子还不是森林之王，每年的森林之王是在竞选中产生。狮子虽然实力强大，但这一年，却被老虎抢走了王冠。看着群兽簇拥老虎扬长而去，狮子会怎么想呢？

A.老虎根本就不如我，它肯定是做了手脚才取胜的！

B.这口气一定要出，看我明年怎么赢他个天翻地覆！

C.我凭实力始终是森林之王，这次何必与老虎计较！

测试一的结果分析：

选择A：击中森林中的一棵树，这时火苗可能窜向其他树木。选择这个答案的人一旦嫉妒心起，就容易钻牛角尖。这个类型的人很可能一不小心就成为嫉妒的奴隶。最好先调查清楚事实之后，再爆发你的怒气。

选择B：池塘里有与表示怒气的雷电性质相反的水。选择此答案的人，其嫉妒心不易膨胀。当这种人嫉妒时，会承认自己的失败，是自身的力量不足，而经过一段时间反省之后，相信自己可以学会将嫉妒化为提升自我的动力。

选择C：枯木使人联想到死亡。选择这个答案的人容易将嫉妒转为憎恨，而对对方产生敌意，在不知不觉中憎恨愈来愈深，到最后只想向对方报复。如果你是这样的人，有必要改变自己，提升自我，以使对方刮目相看，将怒气化为正面的力量。

测试二的结果分析：

选择A：你的嫉妒心非常重，虽然表面很自信，但内心未必这样。你时常会在受到挫折时怀疑自己的能力，而且无法控制自己强烈的嫉妒情绪。

选择 B：你有中等程度的嫉妒心。你的性格比较倔强，有点争强好胜，同时对自己的能力非常自信，通常经过努力你的目标都会达到。

选择 C：你是一只超脱的狮子，你也是一只自信的狮子。你的自信防止嫉妒的存在。即使犯错误，也不会削减你的自信，因为你对自己非常了解。

很多同学或多或少的都有一些嫉妒心理，只是表现出来的轻重程度有所不同，嫉妒心理有它发展的过程和表现程度。一般来说，我们常常是由"慕"生"怨"，再由"怨"生"恨"，所以，这个"魔鬼"常常有三个阶段。

嫉慕：人都有向往美好的一面，面对他人的成功或成就我们很容易产生羡慕之情，这是人之常情，可是在自己内心产生的往往是自我羞愧、心里很不是滋味，常常有"酸溜溜"的感觉。譬如，在言谈话语中流露出对某某同学的佩服、欣赏；集体文娱活动时，羡慕别人能歌善舞，讨厌自己五音不全，因而逃避班集体的活动等。嫉慕会产生两种可能性：积极的可能性和消极的可能性。积极的可能性是，善于理性思考和自我调节的学生会很快转化注意力，把嫉慕变为自己前进的动力，把别人的成功和优点变为自己努力的方向和学习的榜样，"临渊羡鱼，不如退而结网"，走向成功的彼岸。消极的可能性是，自我调节能力差的学生会死钻牛角尖，认为别人的成功阻碍了自己风采的展示，怀恨在心，采取敌对手段对他人或集体造成伤害，它是嫉妒心理的第一步。

嫉怨：不能正视自己的失败和别人的成功，满怀怨气，觉得是别人的存在让自己不成功，是别人威胁到自己了，有"既生瑜何生亮"的心态，于是采取冷淡对方、疏远对方的做法，希望看到别人的失败，并感到幸灾乐祸。产生嫉怨的同学往往会对被嫉怨的对象进行挑衅，或散布对其不利的言论，严重者还会进行人身攻击或诬陷、诽谤，使被嫉怨的同学感到压力或痛苦，而他们自己则以此求得心理平衡和满足，或达到一定的目的。学校里常有这样的现象，一旦某个学生经常受到老师的表扬或者获得荣誉，接下去就会有很多闲言碎语或直接人身攻击出现。

嫉恨：由于嫉妒心极度膨胀而采取报复性的侵害嫉妒对象的变态行为。表现为两种形式：一种为"虐他"，一种为"自虐"。"虐他"是对嫉妒的对象采取造谣、诽谤、诬陷等方式来达到破坏性的目的，如造谣某人成绩好是作弊所得，诽谤某同学虽然成绩好但是个马屁精，鼓动大家在评优时一致不选他等；个别性情粗鲁的同学虽明知要受处分，还故意找碴打自己的嫉妒对象；某些心胸狭窄的同学把其他同学的钱塞到嫉妒对象的书包里，造成偷钱的假象以进行报复等。"自虐"指因痛恨自己的无能和不争气，自己虐待自己，一般为成绩较好、性格文静、内向的学生。如每次考试未达到自己定的超过某同学的目标，就处罚性地抽自己的耳光；成绩考得不及嫉妒对象，就处罚自己每天复习到深夜 12 点，弄得身心疲惫，学习效率低下。"自虐"过头会造成精神压力加重，心理失衡，导致精神郁抑、神经错乱。

为什么会嫉妒？

很多同学都存在嫉妒心理，它并非天生就有，而是在后天一定的条件下逐步形成的。现在的你正处于自我认定的青春期，在这个时期你开始发现自己的内心世界，喜欢同周围人进行比较，开始注意对自己的评价和对别人的评价，你的自尊心也明显增强。但由于身心发展的不成熟，最容易犯这样的毛病：自我评价过高，自尊心过强。而这种唯我独尊、追求虚荣的心理很容易与尊重别人的心理产生冲突。平时当两个人差不多时，这种心理冲突尚不明显，而随着时间的推移，当他人有了长足的进步时，这种唯我独尊的心理就会急剧膨胀，与尊重别人的心理形成尖锐冲突，嫉妒心理自然也就产生了。

在地位相当、年龄相仿、程度相同的人之间最可能发生嫉妒，因为相似者容易比较。

前文我谈过自卑，谁都有自卑的一面，然而，过度的自卑却又会产生各种悲剧。自卑和嫉妒好比一对孪生兄弟，因为觉得比不上他人，所以产生自卑，可又不愿意承认别人比自己好，嫉妒心理由此就产生了。自卑的人往往更容易产生嫉妒，因为他总是在否定自己，怀疑自己不如别人。

有这样一个故事：

一群魔鬼闲来无事，想看人类的笑话，就打赌说，看谁能引诱得道高僧露出丑恶的一面。

魔鬼们一个个开始大显身手。

第一个魔鬼装扮成商人，要求高僧在寺院里铸一座自己的铜像，让往来上香的人膜拜，高僧就能得到享用不尽的财宝。高僧义正词严地拒绝了魔鬼的要求。

接着，第二个魔鬼出场。他化身为婀娜多姿的妙龄少女，在月黑风高的晚上潜入高僧的禅房，眼里充满期盼的神情，可没等她发嗲，就被高僧轰了出去，魔鬼气急败坏。

第三个魔鬼可没前两个那么好心，他用最恶毒的死亡方式折磨高僧，把高僧身上的肉一片一片割去。但高僧眼睛也没眨一下，魔鬼无功而返。

魔王听说这个有趣的游戏后，也参与进来。他变成一个普通人，来到高僧的身边，轻轻说了句："你们同门师弟已经当上了大住持了，你听说没有？"

霎时，高僧庄严的面容变得狰狞恐怖，甚于所有看笑话的魔鬼。

莫让心魔缠绕你，可是你又很难摆脱，什么样的学生更容易嫉妒别人呢？研究表明，下面几种类型的学生更容易产生嫉妒心理：

虚荣心强的学生。他们爱表现自己，过分关心别人对自己的评价。当别人取代自己的位置成为大家关注的中心时，就会产生嫉妒心理。

独占欲很强的学生。他们恨不得将所有的好事（荣誉、成绩、表扬等）都揽在自己身上，一旦别的同学得到了自己没有得到，内心就不舒服。

耽于幻想的学生。当他们发现别人比自己强时，不是努力去赶上别人，而是在想象中安慰自己。当现实无情地击破他们的幻想时，便会产生嫉妒心理。

幼稚、不成熟的学生。他们虽然已进入了中学，但"心理年龄"仍处于"儿童期"，不能全面地看问题，经常走极端，又不能从失败中吸取教训。当他们的愿望不能实现时，就会产生嫉妒心理。

别人的优秀不妨碍你的成功

嫉妒是可怕的，它会让人心胸狭窄、目光短浅；更要命的是，长期处于嫉妒的心境中，会在内心深处产生一种压抑感，给自己造成莫大的痛苦，正如法国大文豪巴尔扎克说的那样："嫉妒者比任何不幸的人更为痛苦，因为别人的幸福和他自己的不幸，都将使他痛苦万分。"处于嫉妒中的同学，会中伤别人，损害别人的自尊心，打击别人的进步，其他同学没法与其相处，很难得到真诚。

经常嫉妒别人的学生，会把大好的时光都花在对别人优势的贬低上，将自己的苦恼系在别人的进步上，结果将自己原有的灵气也赔掉了，换回的只是无穷的烦恼和痛苦。意大利著名诗人但丁说得好：嫉妒只会拉动风箱，扇起你的叹息！

我们经常活在别人的世界，而忽略了自己的感受，很多同学拿自己的短处比别人的长处，过分放大别人而忽略了自己。我希望大家能够想想自己，你的立场是什么，你得找到自己坚持的东西。最重要的是自己的成长，与优秀的人在一起更容易让你进步，看到别人的好，不是让自己黯然，而是找到进步的动力，因为你身边有如此优秀可以学习的对象哦。

人的情绪是最复杂的，可以是动力，也可以是阻力。情商中，如何管理自己的情绪是很重要的一部分，在众多情绪中，嫉妒是把双刃剑，而更多的时候是伤了自己。

我们都想变成最好的那个，但是从来没有最好，一切的努力都只是为了让自己变得更好。在成长的路上，你也会遇到一个又一个优秀的人，面对这些优秀的人，我们羡慕他们的同时，也会产生些许嫉妒心理，面对别人的优秀，我们看到了自己的不足，有的人开始自卑，有的人看到了机会——从别人身上学习更优秀东西的机会。

每个人都有自己的优势，上天总是很公平的，有人没有双臂，却有了灵活的双脚；有人没有看到光明的眼睛，却有了更加灵敏的耳朵。你总有属于自己的东西，那是别人怎么都比不上的。所以，最重要的是要认识你自己。

别人的优秀不妨碍你的成功，从另一个角度来说别人的优秀会促进你的成功。

在你看来的优秀，
在不久的将来，
你自己也会具备。

处理"羡慕嫉妒恨"的八大魔法

别人的优秀不妨碍你的成功，可我们还是难免会有"羡慕嫉妒恨"的情绪，但重要的是要努力调整，避免让自己走入魔鬼的圈套，为此我们需要了解八大魔法。

魔法一：认识真实的自己。不要过于自卑，也不要过于自傲，你总有自己的优点，也有自己的不足。

魔法二：不要在攀比中迷失自己。俗话说，"金无足赤，人无完人"，你要知道在各个方面都超越别人是不可能的，由于各种条件的限制，不可能万事都如意，一切都顺利。你固然希望自己各个方面都优秀，但也要给自己适当的定位，你不可能永远是第一。俗话说，"人比人，气死人"，要一个人不去对比是不现实的，关键是比什么、怎么比。拿自己和别人比，找到自己与别人的差距，这是你进步的机会；拿自己的现在与过去比，看自己是否有了进步，在哪些地方还存在不足。不要比你穿的是否是名牌，你家里的车是否是名车，要比的是你的目标有多大，你的努力有多大，你的进步有多大。不要让自己迷失在盲目的攀比中，更不要因为家里穷，为了挣个面子拿着父母的血汗钱，攀来比去。人可以穷，但志不能短，也许现在你在物质上不富有，但是将来谁能保证？作为学生盲目地拿不属于自己的东西去攀比有什么意义，那些东西只能证明你的老子是个成功者，可你并不一定是，所以要比就比未来！

魔法三：正确看待竞争。竞争不是一件坏事，它可以促使你进步，但关键是你要如何看待竞争，人类存在一天竞争就会存在一天，甚至没有了人类也还会有竞争。可是很多同学"输不起"，竞争处于下风后，没有一点风度，甚至还暗中搞破坏。不服气，不甘拜下风，不一定是坏事，有一点嫉妒心理也正常，然而，不正常的是不能接受事实，不能正视自己的"落败"。暂时落败意味着还有很多东西要学习，进步的机会来了，可是获胜者也要注意自己的风度，不要讥笑嘲讽落后者。

我更愿意你能把强手视为对手，见贤思齐，正确评估自己的优缺点，把嫉妒心理变成一种行为的驱动力，来推动自己产生更大的进取心。有位日本心理学家说过："打消嫉妒的理想方法，是靠自己的努力去取得对手以上的地位。"那种靠损害别人利益而抬高自己的行为是不道德的。

魔法四：懂得自我反省。嫉妒心理的产生往往是由于误解所引起的，即人家取得了成就，就误以为是对自己的否定。其实，一个人的成功不仅要靠自己的努力，更要靠别人的帮助，荣誉是他的也是大家的，给予他赞美、荣誉，并没有损害你。在未来社会协同工作是至关重要的，别人的优秀恰是你学习的机会，与优秀的人在一起，你才更容易变得优秀，有句话你要记得：优秀是一种习惯。

魔法五：学会自我安慰。我们学过一篇课文叫《阿Q正传》，里边的阿Q有一种精神安慰法——阿Q精神胜利法，在现实的学习和生活中，乃至未来的工作中，我们会遇到各种各样的困难，甚至还会饱受委屈，一味地在内心压抑反而不好，有时候我们应该学习自我安慰，学会用平静客观的态度审视事态的发展，既不可因有一技之长而狂妄自大，也不可因他人胜过自己而滋生妒心。对于别人的成绩、长处要心存赞许，不要总想着贬低比自己强的人。要想到别人的成功大多是靠自己的努力得来的，自己要取得那样的成功，也必须付出艰辛的劳动。蓄意贬损别人，只能败坏自己的心情和声誉，于己于人毫无益处。对手不是仇人，嫉妒不是要强，学会欣赏他人的成功，分享他人的快乐。

魔法六：让自己忙碌起来。培根曾经说过："嫉妒是一种四处流落的情绪，能享有它的只能是闲人，每一个埋头沉入自己事业的人，是没有工夫去嫉妒别人的。"你应该给自己树立一个远大的目标，然后将目标分解，化成一个个小目标分阶段去实现，一个人要想变得优秀、变得成功，要学的东西有很多，并不能因为自己还是学生就可以不学习，在这个阶段你也有很多东西要学习，尽量不要让自己"闲"下来。当然，很多同学现在是时间上很忙碌，可是自己的内心并不忙碌，因为不能专注到自己的学习和努力的事情上，学习不是心甘情愿的，所以常常"走神"。思想上的走神，需要你通过寻找自己最渴望的东西来填补，为最渴望的东西而努力。

魔法七：利用好嫉妒的积极力量。

曾有这样一个故事：

在洛杉矶，一位美国人开车带一个中国人去看富人区。美国人最爱陪客人看富人区，好似观光。客人问他："你们看到富人们住在这么漂亮的房子里，会不会嫉妒？"

美国朋友惊讶地看着客人，说："嫉妒？为什么？他能住在这里，说明他遇上了一个好机会。如果将来我也遇到好机会，我会比他做得还好！"

这便是标准的"老美"式的回答，他们很看重机会。

后来在日本，一位日本朋友也陪这位中国人去一处富人区。这位客人又用上次那个问题问日本朋友："你们看到富人区这么漂亮的房子，会嫉妒吗？"

这个日本朋友稍稍想了想，摇摇头说："不会的。"继而他解释道："如果一个日本人见到别人比自己强，通常会主动接近那个人，和他交朋友，向他学习，把他的长处学到手，再设法超过他。"

从故事中可以看到，美国人、日本人在看到别人比自己强时，不是一味地嫉妒，而是把它作为自己前进的动力。

再来看一个事例：

有两个年轻人，在大学还没毕业时都是班级的高才生，但到了工作岗位，其中一个在很短的时间内便做出了比较显著的成绩。另一个便在心里生出一种说不上来的滋味，于是在别人赞扬老同学的时候，有意无意地说一些对方这也不行、那也不好的话。有一次，他在说老同学不是的时候，一个长者严肃地对他说："年轻人，要努力赶上人家才对，怎么能嫉妒人家呢？你和他一样，都是年轻人，他能做到的，你为什么不能超过他呢？"长者的话，如醍醐灌顶。于是，年轻人发奋了，他从心里鼓足了劲，决心要赶上并超过他的老同学。经过一段时间的努力，他也在工作中取得了很大的成绩。

嫉妒可以毁灭一个人同样也可以造就一个人，积极的人视不满为上进的车轮，载着他们驰向更高更远的目标。不想当将军的士兵不是好士兵，谁都希望自己拥有超出一般人的能力、地位、财富，见贤思齐，看到优秀的人才，去虚心学习，争取追上并超过他，这是一种良性的不满，它会促使你进步，同时也推动着社会进步。

所以，积极地看待嫉妒吧，当自己遇到不满嫉妒时，采取积极的行动，激励自己，因为这是你进步的机会，抓住它！

魔法八：遭人嫉妒，不要庸人自扰。 人难免嫉妒别人，同时，又难免遭人嫉妒。之所以遭人嫉妒，一定是你在某方面具备了优势，胜过了某些同学，或者具备了威胁某些同学的实力。当你处于被嫉妒状态时，应该如何对待呢？

反躬自问。 对于别人的嫉妒，一方面是客观对待，不庸人自扰；另一方面是善意对待，从冷嘲热讽中发现和汲取对自己有用的东西。此时不妨冷静思考一下，这些风言风语是怎么引起的，说得对不对；有些逆耳的挖苦，也可能会说到自己的短处，有时比和颜悦色的批评更一针见血，击中要害；即使是完全没有根据的风言风语，也不必生气，不妨引以为戒，作为自勉和鞭策。

确立自信。 俗话说："身正不怕影子斜，脚正不怕鞋子歪。"要相信自己的所作所为是正大光明的，就不会被别人的嫉妒所吓住。否则，自信不足，心存疑虑，庸人自扰，势必忧心忡忡，似乎外界的风言风语都该承受。

豁达大度。 要想解脱被人嫉妒的苦恼，最根本的是：自己的胸襟要宽，气量要大，不去计较别人的一言一语，仍旧保持坦诚的态度与人相处，即使是嫉妒自己的人，也不必疏远，渐渐地，别人对你的嫉妒也就随之瓦解，闲言碎语也不再有市场，因为大家都了解你是什么人，歪曲的、不实事求是的言论自然站不住脚。

你应该懂得自己所取得的成绩与别人的帮助是分不开的，在取得成功和荣誉时，不要冷落了大家，更不要居功自傲，因为这的确容易招来他人的嫉妒。相反，假如你真诚地感激大家，与大家一同分享荣誉，虚怀若谷，就会得到众人的拥护、支持，而不至招来嫉妒了。

Part

four

明知不对，可为什么总是管不住自己

总有些事情你并不想做，或者说你并不想变成这样，但你发现实在控制不了自己的行为，比如做事拖拉、逆反、玩游戏、看小说……要如何应对这些行为？也许，有人告诉你克服这些问题很难，甚至有人认为这是成长中必然的事情，其实，答案不是你想象的那样。

第一章

事到临头才想起，你还有多少时间？——拖拉

深陷拖拉的泥潭，我该怎么办？

"我很矛盾，昨天我告诉自己要 6：30 起床，可是到了第二天，闹钟响了，头似乎还有些晕，被窝很暖和，自己不想起床，可是说好要起来的，那好吧，我数数吧，数 10 下就起床，数完 10 下，我觉得还有时间，于是又数了 20 下……终于起床了，可是已经是 6：40 了，我磨蹭掉了 10 分钟，老妈在旁边一直催我。我也想起来，可是……"

"每天吃完饭写作业时，我总是会拿出这本书看看，拿出那本书看看，东摸摸，西摸摸的，有时还进进出出，一会儿上厕所，一会儿拿点喝的，打开课本要写作业了，也会把书翻翻，总是翻了其他的再看看复习的。很多时间就被我这样浪费了，无语啊，我怎么克制自己啊？"

"每次放假我都告诉自己先写完作业，一开始还可以，写了两天发现假期那么长，按部就班来吧。可是每天的变动总很多，于是，作业总会被留到最后才做，总觉得还有时间，你知道大多数学生都是这样，快开学的时候再抓紧时间写作业。"

"我很烦，在家妈妈老说我，吃饭说我拖拉，穿衣服说我拖拉，洗澡说我拖拉，我不就是慢些吗，我承认我是有一点点的磨蹭，可是为什么会这样呢？"

我们生活在拖拉的世界中

很多同学都曾有过美好的设想，尤其是自己受到激励的时候，那真是热血冲冠，恨不得马上大干一场，于是，一个个的计划浮现在脑海。好的开头是成功的一半，很多人都知道，可做了两天之后，总会比计划慢半拍——因为实现目标需要一个过程，需要时间，现在似乎时间很充裕。

就像很多人经常挂在嘴边的话："过一会儿……再过一会儿……再过一会儿……"我们总会计划很多东西，可是计划却总是被拖延。我相信大多数同学曾经在学习、生活中不止一次地告诉自己"我马上就做"，可是"马上"重复了很多次；"我明天再做它"，可是"明天"有很多；"我还有时间"，嗯，是的，只要还没到期限时间，总还有时间，可是，快到期限时，又很痛苦——没办法，有些事情总是要完成的。

你是否喜欢把事情拖到最后一刻才做？也曾因此受挫而暗下决心不再这样，可在下一个任务来临前，又会习惯性地一拖再拖？当你在玩游戏的时候，你告诉自己我再玩一分钟，可是一分钟一分钟地过去了，你还在玩儿；当你看小说的时候，你告诉自己再看一章，看完就不看了，可是一章接着一章，你还在看……为什么在学习的时候，没听你说，让我再学一个小时吧，让我再做一道题吧，好像你总有很多理由可以逃避这些。

这就是真实的世界，很多同学喜欢把事情拖到最后一分钟，不管要做的事是简单还是困难。如果事情简单，很容易完成，他／她就会将这件事拖下去，直到最后期限——反正可以做完，按时完成就行；如果对要做的事情没有把握，感觉困难，甚至有些恐惧，那更是迟迟不肯行动了。

我们总觉得时间还够，你还可以把握，一些事情总要拖到万不得已的时候才做，却不知有些东西一旦错过了就再没有了。在我念小学时，有这样一篇课文——《寒号鸟的故事》。

在古老的原始森林，阳光明媚，鸟儿欢快地歌唱，辛勤地劳动。其中有一只寒号鸟，有着一身漂亮的羽毛和嘹亮的歌喉。它到处卖弄自己的羽毛和嗓子，看到别人辛勤劳动，反而嘲笑不已，好心的鸟儿提醒它说："快垒个窝吧！不然冬天来了怎么过呢？"

寒号鸟轻蔑地说："冬天还早呢，着什么急！趁着今天大好时光，尽情地玩吧！"就这样，日复一日，冬天眨眼就到了。鸟儿们晚上躲在自己暖和的窝里安乐地休息，而寒号鸟却在寒风里，冻得发抖，用美丽的歌喉悔恨过去，哀叫未来："哆嗦嗦，哆嗦嗦，寒风冻死我，明天就垒窝。"

第二天，太阳出来了，万物苏醒了。沐浴在阳光中，寒号鸟好不得意，完全忘记了昨天的痛苦，又快乐地歌唱起来。

鸟儿劝他："快垒个窝吧，不然晚上又要发抖了。"

寒号鸟嘲笑地说："不会享受的家伙。"

晚上又来临了，寒号鸟又重复着昨天晚上一样的故事。就这样重复了几个晚上，大雪突然降临，鸟儿们奇怪寒号鸟怎么不发出叫声了呢？

太阳一出来，大家寻找一看，寒号鸟早已被冻死了。

你听说过太多"今日事今日毕"的道理，然而"做一天和尚撞一天钟""能拖一天是一天"的状态才更接近现实。故事中寒号鸟的悲剧发生在很多同学身上，只是没有它那么惨而已。我们不妨做个测试看看你是否有拖拉的习惯。

对下列各题作出"是"或"否"的如实回答：

1. 由于不高兴或情绪不佳，你常常耽搁了某些事情。（　　）

2. 有时，你之所以放弃一些工作是因为它们比你预计的要更为麻烦和困难。（　　）

3. 有时你因害怕失败而做事拖拉。（　　）

4. 如果没有十分的把握，你就不愿去开始做某项事情。（　　）

5. 你常常感到自己没有完成过什么有价值的事，因为你对自己太爱吹毛求疵。（　　）

6. 每当你拖拉的时候，你不感到内疚。（　　）

7. 由于对他人感到厌烦，你有时会耽搁某些本该做的事情。（　　）

8. 你常很勉强地去做一些你实际上并不想做的事情。（　　）

9. 你有时因为觉得别人对你太霸道、太过分，而把一些事情耽搁下来。（ ）

10. 你常觉得自己好像有许多事情要做，但你就是提不起兴致来，你不知道该从哪件事做起。（ ）

11. 在做某事时，你常说："我现在不想做，等到我心情舒畅以后再去做。"（ ）

12. 你下了无数次决心要去干好某一件事，可就是坚持不下去。（ ）

13. 只要一碰到挫折，你就会放弃正在努力去实现的愿望。（ ）

14. 你常觉得凡事都应十全十美才应该去做。（ ）

15. 你常说你该干某事了，可就是没有行动。（ ）

16. 你是否一边吃饭一边看电视。（ ）

17. 你常会中断正在做的事而去同别人聊天。（ ）

18. 你习惯于上厕所时看小说或杂志。（ ）

19. 你经常上课迟到。（ ）

20. 你习惯于赖床不起。（ ）

21. 你常不能长时间坚持自己正确的意见。（ ）

22. 你常感到浑身无力、疲惫。（ ）

23. 你常常许诺帮助别人的忙，但总是不能如愿。（ ）

24. 你常觉得睡眠不够，而找时间补觉。（ ）

25. 你经常拖延交作业。（ ）

26. 你不喜欢思考，有现成的方法解决问题最好。（ ）

27. 在练习长跑时，你常不能坚持跑到终点。（ ）

28. 你给自己订的学习计划常不能如期完成。（ ）

29. 你常要在别人的督促下才能完成任务。（ ）

30. 每次外出时，你常让别人等你。（ ）

评分规则：

每题回答"是"记1分，回答"否"记0分。各题得分相加，统计总分。

测评结果：

0～9分：你不是一个办事很拖拉的人，只要平时对自己严格要求。记住：今日事要今日毕。

10～20分：你办事比较拖拉，这对你的学习不利。建议你改正，否则大量的时间将从你的指缝间溜走。

21 ～ 30分：你是一个办事很拖拉的人，这对你的学习和身体极其不利。你如不改变这种状况，会让自己处于一种松散、无节奏的生活状态之中，抑郁会光临你，对你的心理损害不小。想要有所建树的话，你必须改掉拖拉的毛病。

为何做事会拖拉？

每个人都知道拖拉不好，为什么还是管不住自己呢？让我们来分析拖延背后的原因。

太多分散注意力的东西。 很多同学的书桌上放着各种学科的复习资料，本来你要复习数学的，可一看到英语资料，顺手拿起来翻了翻；翻完后，就开始复习数学，复习了一会儿又被一本物理资料吸引了，拿起来又看了看物理。很多同学有过这种经历，完全没有什么计划和想法，只是下意识去做。的确，没有浪费时间，确实都在学习，可是最主要的事情却被影响了，结果你的效率很低。

缺乏自信而犹豫不决。 你有过这样的经历吗，你很想做一件事，可是又在怀疑自己能不能做好，有没有那个能力。你很犹豫，不知道该如何做，而时间就在你犹豫当中一点点地流逝，正当你下定决心要做的时候，情况可能又发生了变化，甚至原来的机会已经没了。

完美主义倾向。 很多同学觉得应该"三思而后行"，要把所做的事情想得面面俱到，觉得不会出问题了才动手去做，可事实上并没有那么完美的思考，总会有些事情出乎你的想象。努力把事情做到最好是人的天性，但是有时候沿着这条思路你会反应过度，变成了完美主义者。如果一开始你就想着要把事情做得完美无缺，你需要做很多的工作，那将导致很大的压力，于是就形成了拖拉。因为你的大脑很快就能把这些任务和这些压力联系到一起，结果产生了抵触的意识，常见的结果就是推迟延期。没有完美的人和事物，认识到这一点很重要。正是因为不完美才让我们周围这个世界变得如此美丽，如此各具特色。你可能会试图写一篇最完美最有价值的文章，但你永远不会成功，因为什么事情都有可以再改进的空间。你要明白，**今天完成的不完美的工作远优于无限期拖延的完美的工作。**

害怕承担责任。 有些同学很担心自己做不好后被人批评，于是，就想等别人跟他们一起做，至少出了事情也有个"伴"。他们害怕当"出头鸟"，不敢当第一个"吃螃蟹"的人，因为他们害怕承担责任，接受不了自己失败或者被批评的结果。

因恐惧而害怕改变。每个人都有自己未知的领域，当在自己熟悉的领域习惯之后，他们往往不愿意做出改变，譬如，你上学的路有好几条，但通常你只会选择一条走，其他的几条基本不会走。当事情脱离了你的认知，你会因为对未知的恐惧，而犹豫不前，不愿意做出改变。

没有目标。有些同学，并非没事情做，他们时时刻刻都有事情做，可就是不知道在做什么，他们总觉得自己很忙，可是却没有收到什么成效。因为他们没有明确的目标，东做做，西做做，结果最主要的事情没有做好，次要的事情也可能没有做好。

不可救药的"自信"。你要做的作业不难，你要做的事情也不困难，按照你的估计你仅需要更少的时间就可以完成，假如你有10天时间去完成，当你觉得只用3天可以做好时，你经常放到最后3天才做，可结果往往是出现意外的事情。也许你也能完成，但是完成的质量就很难保证了，更要命的是，这3天你会很累。说实话，这不是你自信的表现，我更觉得你是在偷懒，你没有对要做的事情负责任。

糟糕的时间管理。这是绝大多数同学存在的问题，你有很多事情要做，哪些事情是重要的，哪些时间是你最好安排的，你完全把握不好，结果整个人处于"茫盲忙"的状态，这个小故事，会让你有启发。

第一家公司：

老板：小张今天工作忙不忙?

小张：不忙。(天真的表情)

下班时老板对小张说：你明天不用来了。

小张：为什么? (惊讶的表情)

老板：因为你不会找事做，所以才会不忙，公司要你何用。——茫

第二家公司：

老板：小张今天工作忙不忙?

小张：很忙。

下班时老板对小张说：你明天不用来了。

小张：为什么？（天哪！我又做错什么了？）

老板：因为你做事没有系统，所以才会整天忙，公司要你何用。——盲

第三家公司：

老板：小张今天工作忙不忙？

小张：刚忙完，正在做别的。

下班时老板对小张说：你明天不用来了。

小张：为什么？（眼角终于掉下一滴年轻人的眼泪。）

老板：因为你做事没有效率，有些事不会一起做吗，公司要你何用。——忙

无可救药的懒惰。有不少同学觉得自己拖拉是因为自己懒惰，甚至你的父母也常这么说你，其实，你的拖拉让你逐渐有了惰性，而你的惰性又让你不断地拖拉，这是一个怪圈，用懒惰作为借口，是最糟糕的，因为所有的责任全推出去了，就如同一个人这么告诉你："我就这样了，你能把我怎么着！"

你可以为拖拉（拖延）找到各种原因，也可以拿任何事情作为借口，但可以肯定的是，拖拉不能使事情自动解决，反而会因此产生压抑、自责、后悔、自尊心下降等负面的感受。

你的时间哪儿去了？

　　时间是个很奇妙的东西，对谁都很公平，有时候你会觉得度日如年，有时候你会觉得光阴似箭。法国思想家伏尔泰曾出过一个意味深长的谜："世界上哪样东西最长又是最短的，最快又是最慢的，最能分割又是最广大的，最不受重视又是最值得惋惜的；没有它，什么事情都做不成；它使一切渺小的东西归于消灭，使一切伟大的东西生命不绝。"其实，伏尔泰讲的就是时间。

　　最长的莫过于时间，因为它永远无穷无尽；最短的也莫过于时间，因为它使许多人的计划都来不及完成；对于在等待的人，时间最慢；对于在作乐的人，时间最快；它可以无穷无尽地扩展，也可以无限地分割；当时谁都不加重视，过后谁都表示惋惜；没有时间，什么事情都做不成；时间可以将一切不值得后世纪念的人和事从人们的心中抹去，时间能让所有不平凡的人和事永垂青史。

　　时间很残酷，过去了就永远不会再回来，时间是宝贵的，可是这宝贵的时间往往被你在不知不觉间浪费掉了。

　　你知道你的一生是怎么度过的？有人做了这样一份统计：

　　人的寿命有长有短，这里取平均值：70岁。你可以看看自己70年的时间是怎么度过的。

　　人一生中站立的时间最长，在不知不觉中站了30年，要准备几双好鞋子啊！

　　睡卧的时间居第二位：23年。为此，不要忽视你的床榻、休息环境与条件。

　　准备一把舒适的椅子吧，坐着的时间居第三位，人一生要坐17年。

　　鞋子至关重要，因为走路还要消耗你生命中的16年。

　　尽管劳动是生活的必需，可人用于工作的时间总共才有10～12年。

　　人补充能量的时间竟是工作的一半：一生中要在饭桌上度过6年。

　　等车的滋味难受吗？人一生花在等车上的时间是3～6年，这要由家到工作单位的远近而定。以等一次车10分钟计算，人要在车站上度过170个昼夜。

长嘴就要说话，人一生用于交谈的时间需要 2 年。

从"新闻联播"开始计时，至正常的就寝时间止，人一生就要在电视机前度过 2128 个昼夜，约 6 年。

其余的内容我们以天计数。人一生要笑：623 天。

做饭：560 天。

感冒：500 天。

学习：440 天。这 440 个昼夜是指学校以外的学习。

接受中小学义务教育：405 天。

节日活动、家庭聚会、学友联谊：375 天。

书信来往、填各类表格：305 天。

书报阅览：250 天。

打电话：180 天。

女性一生用于穿戴打扮的时间约 531 天，男性仅 177 天。

刮胡子是男人的"专利"，一生要为它付出 140 天的时间。

在洗澡时间的分配上也是男女有别：男人一辈子用在洗澡上的时间是 117 天，女人是 531 天。

梳头：108 天。

刷牙：92 天。

流泪：50 天。

时不时会有人轻叩你的房门，他们或许是查电表的，或许是收水费的，或许是收缴煤气费的……总之在你的一生中，你的房门被不间断地敲 3 ~ 6 天。

积水成潭，积土成山，你一生看表的时间加在一起，要 3 天。人的一生就是这样度过的。

原来人的一生就这样度过了，你有时间被浪费掉吗？

学习生活中很多同学的时间被浪费掉了，下边是中学生浪费时间的常见表现：

1. 胡思乱想——不切实际地异想天开。

2. 坐立不安——不能专注一件事，坐下后要花很长时间进入状态。

3. 东寻西找——缺乏整理，自己的东西东一件西一件，不容易找到。

4. 勤去厨厕——贪吃，不可避免地去厕所（厕所是逃避场所）。

5. 网络游戏、QQ 交友——投入了太多的时间在游戏和 QQ 聊天上。

6. 手机短信——没完没了的短信沟通。

7. 乱写乱画——书本拿出来了不是学习，而是在纸上乱画乱写。

8. 电视吸引——无法拒绝电视诱惑，大把时间浪费在没有意义的电视节目上。

9. 抓耳挠腮——做事、学习时，不能专注投入，东张西望。

10. 别人干扰——常受到别人的打扰，无法沉下心学习或做自己该做的事情。

11. 信息炸弹——网络、手机、广告充斥着太多的信息，让你无法辨别对与错、真与假。

12. 拖拉磨蹭——学习、做事前拖拖拉拉，总是要做些其他事情才能开始做该做的事情，或者该做的事情总被其他的借口（理由、事情）影响到了后一个时间段。

你想知道你的时间怎么浪费的吗？给你一个建议：学会记录时间。

工具十：时间记录表

时间记录表是一个帮你找到自己时间去向的记录，每天你可以记录自己做过哪些事情，即一天 24 小时都用来做什么了，每做一件事就记录下它花费的时间，连续记录一周，你便可以大致发现你的时间跑到哪里去了，你记录得越详细越细致，越容易发现你"丢失"的时间，找到了"浪费"的地方，便可以避免下一次。

时间管理七大原则

时间管理只是一种手段，旨在帮助你更好地进步，其目的是让你知道该做些什么，同时决定什么事情不应该做。然而，知道什么该做，什么不该做，又不单单是时间管理了，它更涉及你的价值观，也即你的学习、生活态度和目标，你处理问题的原则。

工具十一：探究价值观的问题表	
问题	你的回答
1. 困惑何时出现的？	
2. 假如你只能活一周，你会如何度过？	
3. 假如你只能活一天，你会如何度过？	
4. 如果你去世了，最高兴的是自己做成了哪件事情？你最希望别人如何评价你？	
5. 这辈子你最想做的事情是？	
6. 你将来想成为一个什么样的人？从事什么样的职业？	
7. 当你没有任何压力的时候，你最想做什么？	
8. 当你感觉内心非常平和的时候，你正在做些什么？	
9. 此生什么事情让你最痛苦？	

原则一：3To 原则

时间管理不是简单地让你"Do your list"（做事件列表中的事），更重要的是让你进行自我管理，时间管理的"3To 原则"是"To Be——To Do——To Have"，它们不是并列的，而是先"To Be"，再"To Do"，最后是"To Have"。

To Be：想要成为什么。要拥有追求梦想的时间，能燃烧你内心的"火焰"，和你的价值观、原则相关；

To Do：实现目标要做的事情。确定要做的事情列表，合理地安排做事的先后顺序并执行；

To Have：当你"To Do"之后，才会得到自己想要的，也即拥有足够的时间，让你面对压力，实现各种需求。

如果某项学习或事情可以唤醒你的热情，同时能帮你开发天赋才能，而且世界也需要，你的良知也督促你去行动，那么，这将是你今生追求的东西，是你内在的灵魂，它将是你前进的动力。

请记住："绝对的自由，来自于绝对的自律；绝对的自律，来自于绝对的自许！"

自由 ← 自律 ← 自许

To Have ← To Do ← To Be

要有自许，并进而自律，才能自由；也就是先有"To Be"，采取"To Do"，最终得到"To Have"。

原则二："要事第一"原则

两个广口瓶，一个里边先放大石块，当不能再放入时，再放入小石块，最后放入沙子；另一个瓶中先放沙子，当沙子到瓶口后，再放小石块、大石块。你会发现第二个瓶子根本装不下任何石块了，可是第一个瓶子，装完大石块后还可以装入小石块和沙子。

每个人都是一个容器，每天要做的事情就像大石块、小石块和沙子，大石块代表着那些重要的事情，小石块代表着次要的，而沙子则是那些无关紧要的事情。如果你净做那些对你未来意义不大的事情，你的时间就会被浪费掉，而重要的事情就没有时间做，结果你的人生只会充满"无关紧要"的东西，而不会真正有意义。

你需要做的是，思考你要做的事情并进行分类。

要安排事情的顺序，做到要事第一，你要知道三个词：

效率：把事情做对（Do the things right）

效果：做对的事情（Do the right things）

效能：把对的事情做对（Do the right things right）

采用 ABC 法标记你的每日事件列表：A 代表最重要事情（最高优先级）、B 代表重要事情（次优先级）、C 代表次重要事情（再次之）；对于 A 类的事情也分优先级 A1、A2、A3，然后依次是 B1、B2、B3，C1、C2、C3，然后分配时间处理即可。

记住：事情不要多，尤其最重要的事情，建议 2 个为好，一天能做 6 件重要事情是很了不起的。

原则三：80/20 原则

这个原则描述的是一种不公平性，譬如，在生意中，20% 的顾客带来了 80% 的收益；在社会上，20% 的人拥有着 80% 的财富；生命中，20% 的时间带来 80% 的快乐；在朋友中，20% 的朋友占据了你 80% 的时间；在学习中，20% 的要点带来了 80% 的分数。在时间管理上，这个原则告诉你要抓主要矛盾，要将自己绝大多数时间用在能够带来成绩的 20% 的内容上，简而言之，就是将绝大部分时间放在最重要的事情上。80/20 原则提供给你实施"要事第一"原则的方向，你的眼睛要盯在 20% 的事情上。

希望：你在做事情前，问一问自己："这件事属于最重要的 20% 吗？"

抵御：清除小事情的引诱。

记住：不管你选择先做什么事情，久而久之就会成为一种很难改的习惯。如果你选择每天一开始先做低价值的事情，你很快就会养成先做低价值事情的习惯。

原则四："帕金森"定律

所谓"帕金森"定律，是要给任何事情，哪怕是小事也要设定完成的期限，否则事情会像橡皮筋一样被拉得很长，没完没了。正如帕金森所讲："你有多少时间完成工作，工作就会自动变成需要那么多时间。"如果你有一整天的时间可以做某件事，你就会花一天的时间去做它，而如果你只有一小时的时间做，你就会更迅速有效地在一小时内做完它。"帕金森"定律告诉你，一定要严格规定完成期限。

原则五："同一性"原则

"同一性"原则是指同一类事情最好一次性做完。假如你在做纸上作业，那段时间都做纸上作业；假如你是在思考，用一段时间只作思考；如果打电话，最好把电话累积到某一时间一次把它打完。

记住：当你重复做一件事情时，就会熟能生巧，效率就会提高。

原则六："Write"原则

所谓"Write"原则，就是把要做的事情逐一写出来，这样你能随时看到自己有哪些事情要做，尤其是列写后标注上急缓轻重、做的先后顺序，这会帮你更有效地进步。

记住：不要轻信自己可以用脑子把每件事情都记住，而且事件清单也会给你紧迫感和成就感。

原则七："有序"原则

所谓"有序"原则，包含两个意思：一是要做的事情要分先后顺序；二是自己要有秩序感，做到整洁、井然有序。比如，起床要整理床铺，换洗的衣服扔进篮子里，从哪里拿的用完后放回哪里，不穿的衣服放进衣柜，把书放到属于它们的架子上，用完便签或笔记本后放到原来的位置，保持自己的房间整洁有序。书桌上尽量少放东西，只摆放正在学习的资料，避免分散精力。

专注和平衡——让自己更有效率

很多同学反映了一个现象，就是自己经常走神，而且效率低下。让一个人一节课完全不走神，说实话很困难，即使你完全投入，跟老师配合得特别好，其他同学也有可能分散你的注意力。最重要的是做到不纠结于短短的走神，走就走了，我们走路还可能有个趔趄，这个很正常，不正常的是你过分关注这件事情。一旦你刻意在意走神，你会发现你已经在走神了，而且越是在意就越走神。

如果你的基础比较差，老师讲的你不太熟悉，老师讲的对你就像天书一样，你说怎么可能集中注意力呢？焦急也会影响你。对于基础特别差的同学，如果想上课能集中注意力，课前预习是比较好的方式，至少你知道了这节课要讲的内容，就比较能明白老师讲的东西，对于自己不会的内容也容易提前集中注意力。

在这里我想和大家谈谈专注和平衡。我们做事情拖拉、走神、分散注意力，往往是由于做事情时不够专注。比如有些同学边学习边玩儿，写一会儿作业玩会儿桌子上的东西，有的是边写作业边 QQ 或微信聊天，这样做，作业的质量不能保证，你的复习效率也不可能很高，看似会了但是不牢靠。我提到的专注是希望你在做一件事时，不被其他事情分散和影响，集中注意力，做完这件事再做其他的，也是我一直强调的"学的时候就是学不想着玩儿，玩儿的时候就是玩儿不想着学习"，做到投入到自己做的事情中，这样才能找到做这件事的乐趣。一旦投入进去，那些杂七杂八的想法就不会出现，你的效率自然就提升了。

另一个要和大家探讨的是平衡，无论我们如何想如何希望，现实和想法总是有出入，理想是美好的，现实是残酷的，在理想和现实之间要有一个平衡。很多同学给自己设定了目标，想的是好的，预期的也是好的，但是现实生活中的变动非常多，这些变动让你的预期出现误差，处于青春期的我们想事情往往不够系统，不能面面俱到，于是经常会出现意外影响，所以你在做计划和定目标的时候需要找到一种平衡，不要总是卡点，要留出用来平衡意外的时间。另外，平衡还在于允许自己的内心在理想和现实之间平和前进，比预期的差时要看看问题出在哪里，找到原因，然后投入去改善，下次不犯或者有进步就好；如果这次比预期做得好，不是万事 OK，还是要想想这次为什么会这么好，原因在哪里，如果你找到了就可以让今后更好些。平衡是不让自己陷入各种焦虑中，能够投入学习，能够享受学习，更能够体会生活的乐趣，学习、社交、爱好，总之让自己能够平衡于这些方面，这是我希望你要思考的。

很多同学忽略了这样一个词——"效能"，举个例子，我们总渴望获得好成绩，好成绩是我们的"产出"，只关注"产出"不会得到结果，你得考虑"产能"——什么东西导致了"产出"，如果你忽略了这两者之间的平衡注定不能达成期望。因果法则从侧面也印证了这个，关注因才能得到果，无论哪种方法，要产生效果最后还是得行动，需要你的坚持，再好的方法离开坚持都是白搭。

总之，效率源自于你的投入，成就于你各方面良好的平衡，做到这点需要努力和时间，但我想只要你愿意尝试，就会有好的成效。

摆脱拖拉的十条魔法

魔法一：学会分解任务，一点一点做。有些目标，乍一看，感觉很困难无法实现，或是需要莫大的努力，结果就导致了你什么都没做。不要气馁，你不妨分解任务，分解成你能做的小任务，然后逐一去做即可。

魔法二：改变观念和思考方式——没有"必须做"，只有"想要做"。学会正面积极思考，把"糟糕和恐惧"从心中挪开。同时，改变你思考问题的语言风格，把"必须做"去掉，换成"想去做"，因为"必须做"会让你感到"被迫"去做一些事情，容易产生抵触情绪。

魔法三：想到——写下——动手做。我们都有思路卡壳和畅通的时候，如果思路堵塞的时间太长，拖拉就会发生。没有主意你可能会停滞，但主意多也会让你停滞，面对任务，你要做的是想到一个想法，便写下来，不要排斥任何想法，然后，从中选择一个你觉得实际但又有点挑战性的想法去执行。

魔法四：写出所有拖拉的事情。尽可能地写出你拖拉的事情，聚焦在这些事情上，为做这样的事设定一个时间段，甚至你可以用小闹钟提醒自己。找到原来一直拖拉没有完成的事情，在一个固定的时间段内，全力去做，不给自己逃避的理由，时间久了就可以培养战胜拖拉的习惯。

魔法五：剔除分散注意力的东西。养成整洁有条理的习惯，书桌上尽量干净，只摆放当下复习的书籍。书包中也不要装太多的复习资料，减少分散注意力的因素。上课期间不挂 QQ（或其他聊天工具），不发手机短信。任何能够插入你和你计划要完成的事情中间的事情都会中断你现有的活动，尽量把这类事情剔除在外，或专门安排时间单独做。

魔法六：定时间，避免"帕金森现象"。要给任何事情，哪怕是小事设定完成的期限，否则事情会像橡皮筋一样被拉得很长，没完没了了。

魔法七：确立你不愿意被打扰的时间。每天至少要有半小时到一小时的"不被干扰"时间。假如你能有一个小时完全不受任何人干扰,把自己关在自己的空间里面学习或思考,这一个小时的效率甚至可以抵过你平时几个小时的效率。

魔法八:学会说"不"。一旦确定了哪些事情是重要的,对那些不重要的事情就应当说"不"。如果有同学需要你的帮忙,那就要看他是确实需要帮忙,还是想偷懒。比如同学找你解题,如果这确实是一道很有难度的题目,你可以认真思考给他讲解,这样对自己对同学都有好处。反之,如果他上午刚问过一道类似的题目,现在又拿来问,说明他不动脑筋,那就应该鼓励他独立思考,而不是一味地依赖别人。帮他解答过于简单的问题,既浪费了自己的时间,也会使他产生一种依赖性。结果造成一种恶性循环,他越不会自己动脑筋,就会有越来越多的题目不会做,就越会来问你,你就会把越来越多的时间花在一些非常简单的题目上。最后,看起来你在乐于助人,他在虚心请教,结果却害了对方。

魔法九:停止完美主义倾向。无论学习还是做事,都需要先有个雏形,思考得完备没有问题,但一开始不可能十全十美,你可以有追求"完美"的心,但不可以成为"完美主义者",尤其做事情之初不要想着完美,有了想法,而且想法没有错那就行动,行动的过程中会不断完善你的想法。记住:没有完美的人和事。

魔法十:利用一页纸高效时间管理表。

不要太相信你的"脑袋",更不要完全用"脑袋"管理时间,大脑不像计算机可以同时处理几件事,大脑会遗忘甚至会"说谎"。时间管理要从大脑中走出来进入纸上——每天用一张 A4 纸高效管理你的时间,可以折叠起来随身携带,随时提醒。

当然如果考虑到保存问题,建议你准备一个 A4、B5 或者 A5 的笔记本,使用笔记本你可以随时查看这段时间自己的时间安排,笔记本以便于携带、方便自己为主。

重要前提:一页纸高效时间管理表(见表 4-1)的制作是建立在你明确知道自己的目标的基础上,所要处理的事情以有利于实现良好目标为前提。

思路:尽可能列出所有有助于实现目标要做的事情——列成待做事情表,选出今日要做的事情,进行先后排序,然后逐一执行,做完之后要检查、反思,并做调整以便更有效。

"待办事情列表"栏：填写你能想到的所有今天要办的事情，这一栏可以灵活些，你可以写出所有近两天、一周要办的事情，甚至更长时间，只要纸张允许。

"ABC 顺序"栏：参见前面提到的 ABC 法标记要做的事情，每天选择最重要的 6 件事情，按 A1、A2、B1、B2、C1 和 C2 依次来做。

"事情内容"栏：填写要做事情的内容，并且填写的事情尽量符合"SMART"原则：具体、可衡量、能实现、有时间限制。比如：在下午 3 点前背完 50 个单词。

"预估用时"栏：填写你完成这件事预估的时间，比如背完 50 个单词预计需要 30 分钟。

"时间安排"栏：此栏填写做这件事的时间段，起始时间～完成时间（假如超过 45 分钟，你可以分成几段：起始时间～中间时间 1，中间时间 2 ～完成时间），比如 13：00~13：45，13：48~14：33（背单词时间）。

"完成情况"栏：事情完成，打对"√"；没有完成，打"×"；部分完成，打"√×"。

"琐碎事情"栏：是每天并不重要的事情，甚至是阻碍目标实现的事情。

"事情说明"栏：填写那些"琐碎"而又意义不大的事情，可以说明得简要些，比如，玩游戏。

"耗时"栏：填写做这件"琐碎事情"的时间，格式为"___ 分 / 小时 (___ 至 ___)"，比如，2 小时 (13：00 至 15：00)。

"做此事的原因"栏：填写自己做这件"琐碎事情"的原因，这让你看到自己不足的地方，暴露弱项，便于你引起注意。比如，没有克制住 CS 游戏的诱惑。

"今日反思"栏："今日收获"栏填写今天自己的收获，好的值得发扬，同时记录的成就也便于激励自己；"今日问题"栏填写今天遇到的问题，或者反思自己为什么没能做好重要事情，受了什么诱惑，下次有没有什么方法避免。

表 4-1 "一页纸" 高效时间管理表					
"一页纸" 高效时间管理表（日期：_____ 年 ____ 月 ____ 日）					
待办事情列表	ABC 顺序	事情内容	预估用时	时间安排	完成情况
	A1				
	A2				
	B1				
	B2				
	C1				
	C2				
琐碎事情					
事情说明		耗时		做此事的原因	
今日反思					
今日收获			今日问题		

看清脚下的路，不要南辕北辙——逆反

全世界都和我"作对"

和博士，我是一名高二的男生，学习成绩中等，我很不喜欢现在的状态。在家里父母动不动就说我，除了学习还是学习，我想做点自己的事情都不行。我承认我有时候是不太听话，也知道自己有些地方做得不太对，可是，为什么他们就不能好好跟我谈呢？在学校，我也不喜欢我的班主任，我的成绩是一般了点，可是我也是她的学生啊，她干吗那么偏心那么不公平，她让我们干什么就干什么，那为什么我们有需要的时候她就不管了？我们还是中学生，同学之间难免有摩擦，彼此互相不服气，总想争个"你死我活"，我想这是一种正常状态吧。天天被人管、被人说，我们又不是犯人，真是痛苦！

逆反不是你的专利

你的父母有没有说你"不听话""不受教""做事任性"？你有没有觉得，你的父母一天到晚唠唠叨叨，还规定这不许、那不准，烦死人了！

进入中学后，你经常会听到这样一个词"青春期"，你的父母、老师也许会说由于你处于青春期，所以才出现了逆反的心理，经常顶撞父母，甚至跟老师对着干。你也觉得，在这个阶段出现反抗心理是正常的。

说实话，逆反心理并不仅仅是青春期的你们所专有的，它潜藏在所有人的内心。很多人都有这样的行为：你不许我这样做，倒反而使我增强了想这样做的欲望。尤其是，当一个人对另一个人反感时，无论他说什么，你都会觉得他说得不对，总是有意无意地反抗。换个说法，人都有偏激的一面。

你有没有听一些成年人在抱怨：为什么他的任务比我的轻？为什么别人都走了非要我加班？你又不是我的上司你凭什么命令我？即便是上司，你凭什么对我大喊大叫？这就是一种"逆反"。轻度的"逆反"类似鲁迅笔下的"腹诽"，有意见不肯说，却在肚子中骂，由于没有直接发作，可能一时半会儿没人察觉，但时间久了，就很危险了；而重度的"逆反"则直接体现为对着干。

人都有逆反的一面，只是随着年龄增长，随着自己控制能力的提升，程度体现得各有不同罢了。相比之下，正处于青春期的青少年在控制自己的逆反心理上还有很大不足。

逆反不会平白无故地出现，其背后总有各种各样的原因。我们看看有哪些原因会引起你的逆反心理。

无法满足的好奇心。你可能听说过这句话"好奇害死猫"，人人皆有好奇心。传说中的亚当和夏娃被上帝告诫不要吃树上的果子，可他们偏偏没有遵守诺言，偷吃了禁果，结果被贬为凡人，开始了人类漫长的繁衍。假如父母、老师告诉你不许看这个、不许用这个，你反而越发想去尝试。例如，一些不健康的文艺作品，越是受批评，人们越是想看，想方设法要弄到手，一睹为快。电影宣传海报上规定某部影片"未成年人不宜观看"，但其作用恰恰相反。上化学课老师再三交代切勿将浓硫酸与水混合在一起，某学生胆大而为之，结果酿成大祸。当你怀有强烈的好奇心，在做某事被禁止时，最容易被引起好奇心和求知欲，尤其是在只做出禁止而又不加任何解释说明的情况下。

渐强的自我意识。进入中学很多同学开始觉得自己已经长大了，希望自己能独立思考问题，不喜欢被父母管教，不希望父母过多地干涉自己的学习、生活、交友等私人问题，这是一种成长的表现。你不喜欢父母过问自己的问题，不喜欢父母对自己的生活过多地干涉。可是，你忘了一点，正是由于他们是父母，所以才会因为关心而过问，但你却常常因为自己坚强的自我意识"作祟"而与父母发生矛盾。

学习的压力。很多同学都是被迫去学习，尤其是当承受着高考的压力，面对父母、老师对你的持续轰炸时，你早已不胜其烦，一旦遭受挫折，便会产生一种反抗情绪，有时甚至故意违背他们的意愿不好好学习。

心理上的需要。人都有这样一种心理——越是得不到的东西，越想得到；越是不能接触的东西，越想接触；越是不让知道的事情，越想知道。由于大多数同学自我控制能力还不是很成熟，这种欲求也就更强烈。这种强烈的内心诉求，表现在外就成了一种逆反的对抗。

以往特殊的经历。所谓"一朝被蛇咬，十年怕井绳"，每个人都有自己的过去，而过去的种种经历也会影响现在和将来的生活。譬如，有的同学多次向人表白却被拒，会觉得自己没有魅力；有的人多次失恋，便认为人世间没有真正的爱情；有的同学一向循规蹈矩、与人无害，可偶然有一次受到了莫名其妙的冤枉，结果大受刺激，变得多疑、不信任别人，由于过分保护自己，便像刺猬一样，常常以"刺"对人。

获得别人关注的渴望。谁都想成为聚光灯下的明星，赢得他人的关注，然而，并不是每个人都可以吸引别人的眼球，尤其是，当自己的能力不足以吸引别人时。有些同学为了获得别人的关注，采取了另一种极端的措施，以另类、反抗成为别人关注的焦点，既然不能"流芳百世"，那就"遗臭万年"，结果往往令人痛心。

说实话，我没有写太多外界的因素，可能外界不少因素会对你产生影响，但是，所有的因素都是反映到自己内心才可以起作用，人都有以自我为中心的潜在心理，一旦外界的一切不能让你满意或者开心时，你往往会产生不快，甚至产生对抗的行为。有想法不一定要去做，每个同学都会面临各种诱惑，问题是有人采取了行动有人没有。也许你没办法控制外界的影响，但至少可以控制自己的行动。

宽容还是纵容！

很多同学多是独生子女，习惯了被宠爱被包容，习惯了以自己为中心，习惯了自己是焦点。生活中需要他们谦让的教育很少，家庭里对他们的宽容教育、感恩教育几乎没有，他们常常以自我为中心，以利我为宗旨，不懂得考虑别人的感受。最直接的表现是说话要占上风，凡事都不肯吃亏，对父母长辈颐指气使，稍有不顺心便大发脾气。似乎，别人都要为他服务，只有别人对不起他的情况，从没有自己对不起别人的时候。

责人不如帮人，倘若对别人一味挑剔、苛责，只会更加令人反感，而且可能激起逆反心理一错再错。生活中每个人都会有不如意的时候，也都会遭遇失败，当你遇到了竭尽全力仍难以逾越的屏障时，请别忘了：宽容是一片宽广而浩瀚的海，包容了一切，也能化解一切，会带着你跟随着它一起浩浩荡荡向前奔涌。

在网上我看到一个故事，而结果却让人遗憾：

两个大学生在宿舍听一首歌曲，因评价此歌曲有了分歧，竟然打骂起来。在舍友的劝说下，甲同学被推回了另一个宿舍。本来以为事情就此结束了，谁想到回到宿舍的甲同学越想越气，拿起一把水果刀，径直闯入乙同学的宿舍，在众人毫无防备的情况下，朝乙同学胸部狠狠捅了两刀。等到宿舍的同学反应过来，急忙把乙同学送到医院时，乙同学却因抢救无效身亡。

很可悲吧，一个鲜活青春的生命就这样消失了，而另一个同样是青春激扬的青年却进入了监狱，更可怕的是从此背上了灵魂的枷锁。两个家庭为了培养一个大学生得付出多少的艰辛和汗水，只可怜天下父母心，痛失爱子的父母今后该如何去面对生活呢！真所谓一失足成千古恨。

在生活学习中请学会宽容待人，不能一味索取，不能斤斤计较，不能得理不饶人。不妨做一个小小的测试，假如你遇到下面的情况时，你会采取什么样的行动：

当同学无意弄脏了你的衣服时……

当同学经常在背后说你的坏话时……

当老师向你的父母打你的小报告时……

当父母在气头上对你发火时……

然而，宽容不等于软弱，更不等同于没有原则，一味纵容。如果是班干部，为了赢得更多同学的好感，而"宽容"其他同学的违纪，他们违反纪律不去管，他们不交作业帮着隐瞒，这不是帮助他们，相反是害了他们，同时也害了自己。对待朋友的小误解、小伤害，要选择宽容，但是对违背做人原则、法律法规的事情则坚决不能姑息。

能否心怀感激？

　　我们常常让老师讲题，却忘了对老师说声谢谢；我们常常津津有味地吃着妈妈做的可口饭菜，却忘记了赞美；我们常常流连于城市干净的街道、林立的高楼，却忘了这背后的清洁工人、建筑工人的辛勤与努力。生活中有很多事情，在你眼里也许是理所当然的：老师为你讲课给你讲题，是应该的；父母爱你给你做饭，帮你解决问题是理所当然的。正是你的"理所当然"，却让一份化解你们误解的良药——"感激"渐渐远离你。

　　人生的道路，曲折坎坷，不知有多少艰难险阻，你随时会遭遇挫折和失败。在危困时刻，假如有人向你伸出温暖的双手，解除生活的困顿；假如有人为你指点迷津，让你明确前进的方向；甚至有人用肩膀、身躯把你擎起，让你攀上人生的高峰……你会感激他们吗？一声最简单的"谢谢"你有多少次说出口了？

　　这个世界上没有什么理所当然的事情。在生活和学习中，对于他人的帮助和支持，要心怀感激，因为正是有了他们的帮助和支持你才走得更远。心怀感恩，才能让你充满力量，不至于被各种负面情绪影响，更重要的是，一个懂得感恩的人，将来才会有所成就。

　　我很喜欢这样一段话，送给你：

　　感谢伤害我的人，因为他磨炼了我的心志；
　　感谢欺骗我的人，因为他增进了我的见识；
　　感谢遗弃我的人，因为他教导了我应自立；
　　感谢绊倒我的人，因为他强化了我的能力；
　　感谢斥责我的人，因为他助长了我的智慧；
　　感谢藐视我的人，因为他觉醒了我的自尊；

感谢父母给了我生命和无私的爱；

感谢老师给了我知识；

感谢朋友给了我友谊和支持；

感谢邻家的小女孩给我以纯真无邪的笑脸；

感谢周围所有的人给了我与他人交流沟通时的快乐；

感谢生活所给予我的一切，虽然并不全都是美满和幸福；

感谢天空，给我提供了一个施展的舞台；

感谢大地，给我无穷的支持与力量；

感谢太阳，给我提供光和热；

感谢天上所有的星，与我一起迎接每一个黎明和黄昏；

感谢我爱的人和爱我的人，使我的生命不再孤单；

感谢我的敌人，让我认识自己和看清别人；

感谢鲜花的绽放，如茵的绿草，鸟儿的歌唱，让我拥有了美丽和充满生机的世界；

感谢日升，让我在白日的光辉中有明亮的心情；

感谢日落，让我在喧嚣疲惫过后有静夜可依；

感谢快乐，让我幸福地绽开笑容；

感谢伤痛，让我学会了坚忍，也练就了我释怀生命之起落的能力；

感谢生活，让我在漫长岁月里拈起生命的美丽……

愿人人都拥有一颗感恩的心！

你是否注重方式？

因为我们年轻，所以往往很率直，想到什么就做什么，尤其是解决问题时往往选择最直接的方式，而这恰恰让结果出乎我们的想象。虽然大家常因我们年轻而原谅我们，但这不能成为我们的借口，初生牛犊不怕虎，这是我们好的方面，但处理问题时需要我们及时停下来，冲动解决不了问题。

青春期的我们自尊心很强，经常会因为维护自己观点而和别人发生争执，有时候明知自己错了，还是倔强地维护自己的"面子"，尤其是面对父母的时候。

倔强和逆反背后凸显的是我们处理问题的方式，也许父母、老师或同学有处理不对的地方，但最重要的是我们自己的反应。遇到冲突，我们首先要暂停，带着情绪很容易激化问题，停下来想想刚才自己有没有过错？尤其是在自己正确而别人错误的时候，一味的争执只能让对方更加反感，过激的行为只会让事情变得更糟糕。

我跟你分享个故事，希望能说明应对方式的重要性。

南风与北风比赛，看谁更有力量。北风说，你看，路上有一个行人，谁能让他脱掉身上的大衣，就算谁赢。南风笑了笑，同意了。于是，北风立即呼啸而起，让行人感到一阵刺骨的寒冷。可是，行人不仅没有脱掉大衣，反而把大衣裹得更紧了。北风使尽浑身解数，也无法达到目的，只好无可奈何地退了回去。

温暖的南风开始轻柔地吹拂行人的脸庞。行人感到越来越暖和，越来越燥热，不由自主地解开了纽扣，然后脱掉了大衣。这样，南风就向北风宣告自己赢得了胜利。

有时，我们已经找到了解决问题的办法，也知道什么是正确的，但没有采取适当的方式，反而使事情变得更糟，与我们的预期相悖。也许生活中的我们都有这样的经历，那就让我们从今天开始改变自己吧。

抑制冲动的五条建议

反抗并不能解决问题，逆反总会带来伤害。其实，有很多方法可以解决你遇到的问题，我要告诉你的是：自己是一切的根源，很多困扰都是由于自己的"过度"反应造成的。

为了能够更加开心幸福地生活，减少与父母、老师和同学的矛盾，我给你五条建议。

建议一：学会理解别人。不要总是从自己的角度看问题，觉得其他人都对不起自己，你又了解别人多少？当你觉得自己对别人——父母、老师或朋友——产生不满时，你可以尝试回答下面7个问题：

1. 站在别人的角度看你的做法，假如你是对方，会对你的做法生气吗？

2. 你这样做，别人会如何看你、如何对待你？

3. 站在别人的角度思考你可能做错的地方有哪些？

4. 你为什么对他们不满意？

5. 你会对别人的做法采取哪些行动，这些行动会导致什么后果？

6. 你们双方可能出现的误会是什么？

7. 你最终会如何看待这件事，如何对待别人？

建议二：学会控制自己。冲动是魔鬼，一不小心就会让你跌进深渊，所以遇到让你生气或者愤怒的事情，一定要先"暂停"，尝试着从别人的角度看问题，试着理解别人，试着回答建议一中的7个问题，明白自己内心真实的想法，再采取行动。有时候你会被别人误解，甚至受到委屈，这是正常的，伸出你的手也可以看到自己的十个手指不是一般长。谁都不希望自己被误解，不喜欢受委屈，可是，面对这种情况，你的冲动甚至对抗会解决问题吗？我想有时候这么做反而把问题弄糟糕了，何不换个时间等大家都冷静了再来讨论解决问题呢？美国人曾开玩笑地说：当遇到事情时，理智的孩子让血液进入大脑，能聪明地思考问题；野蛮的孩子让血液进入四肢，大脑空虚，疯狂冲动。我想你会成为一个理智而富有智慧的孩子。

建议三：尽量不生气不愤怒。哲学家康德说："生气，是拿别人的错误惩罚自己。"美国生理学家艾尔玛曾做过一个"气水"的实验，他将几支玻璃管插在0℃冰水混合的容器里，借以收集人在不同情绪下呼出来的"气水"。结果发现，心平气和时呼出的气，凝成的水澄清透明、无色、无杂质；生气时，则会出现紫色的沉淀。更要命的是，将收集的生气时冷凝的"气水"注射到健康的小白鼠身上，几分钟后，老鼠居然死了。由此可见愤怒的可怕，怎样控制自己的愤怒呢？给你几个小方法。

数数法。这个方法最简单，当你感觉到自己将要生气时，立马给自己下命令——"数数"。此时你便从10开始，倒着数，一直数到1，这样做，你的情绪便得到了缓和，即使再发火也不至于那么强烈。你也可以找个搭档，一旦你们两个中的一个生气时，另一个人立即提醒你——"数数"，你便重复上边的操作。

情绪宣泄法。当你遇到不公正的待遇，遭受委屈，产生负面情绪，甚至比较愤怒时，你可以选择比较喜欢的运动方式将自己的情绪宣泄出去。要注意，你可不能选择打人，比较好的方式是，走出去在操场、小区空地或者其他空地，疯狂地跑上几圈，跑完后你的情绪就会得到宣泄。当然，有时候受天气和地点影响，你可能不便跑步，那就在室内做俯卧撑，做俯卧撑时你不需要注意自己是否标准，你只需要疯狂地做，加快频率地做，让自己情绪宣泄即可。

转移注意力。当你产生负面情绪时，可以通过转移自己的注意力来降低负面情绪对自己的影响，你可以看一些喜剧电影、幽默剧集，也可以让自己去做一些不用大脑思考的工作，尝试着分散你的注意力。譬如，我比较喜欢写字，一旦生气或受委屈了，只要条件允许我就写毛笔字，如果没有毛笔，我就拿签字笔、钢笔、铅笔或圆珠笔写字。

建议四：尝试着与父母分享你的喜怒哀乐。让父母走进你的生活，让他们了解你，而不是将自己封闭起来，一味地抱怨他们不了解你，你应该敞开你的心扉让他们走进来。如果你始终关闭自己内心那扇大门，他们无论如何也走不进去，所以，主动些吧。

建议五：学会体谅和宽容别人。任何事情都有两面性，因你的看法而有不同的结果。人无完人，每个人都会有或多或少的缺点。学会体谅别人，当事情发生时，尽量站在别人的角度去思考问题，想想会对别人产生什么样的影响。其实，你可以从另一个角度来看待别人对你的误解或伤害：你要知道正是你的力量让对手恐慌；更重要的是，石缝里长出的草最能经受风雨。风凉话，正可以给你发热的头脑"冷敷"；给你穿的"小鞋"，或许能让你在舞台上跳出曼妙的"芭蕾舞"；给你的打击，仿佛运动员手上的杠铃，只会增加你的爆发力。倘若你睚眦必报，只能说明你无法虚怀若谷；言语刻薄，是一把双刃剑，最终也会割伤自己；以牙还牙，也只能说明你的"牙齿"很快要脱落了；血脉偾张，最容易引发"高血压病"。"一只脚踩扁了紫罗兰，它却把香味留在那脚跟上，这就是宽恕。"安德鲁·马修斯在《宽容之心》中说了这样一句能够启人心智的话。

◇

第三章

你看得清"虚拟世界"的自己吗？——网络成瘾

【对话和博士】

我是虚拟世界的"神"

2009 年，一位湖北的妈妈带着儿子来北京参加一个戒网瘾的训练营，一次偶然的机会，他们来到了北大，我跟这位妈妈和儿子做了一次交流。儿子马上读高三，但是沉迷于网络，天天去网吧。孩子喜欢计算机，我尝试着从计算机和游戏的角度跟孩子沟通，聊着聊着我发现孩子还喜欢管理。他玩网游，在当地有一个将近 200 人的网游小队，他是副队长。在和孩子的聊天中，我发现他几乎不能分清现实世界和虚拟世界。他告诉我玩网络游戏可以挣钱，他们小组每年能够创造几千万的价值，只是他们没有兑现成人民币，还是游戏币。当我问，既然你们那么能挣钱，为什么每个月还要从家里拿钱玩游戏时，他又开始支支吾吾了，要命的是他的队长由于玩游戏已经住医院了。虚拟的网络让孩子对钱完全没有概念，他甚至告诉我他跺跺脚可以让湖北十堰市震三震。这就是沉迷于网络的孩子……

网瘾背后的秘密

这是移动互联网的信息时代，网络和信息无处不在，在这样一个时代，利用互联网不仅正常，而且非常有必要。如何在移动互联网的信息时代学会自己长大，也是我想在本书中给大家传递出的信息，我们可以通过互联网和智能终端连接机会，查找资料，学习课程。但也有很多同学沉迷在网络游戏、玄幻小说中而不能自拔。

上大学时，我们宿舍就有 4 名同学由于天天玩游戏而荒废了学业，留级或退学了，将自己努力了十来年才考上的大学轻易地放弃了。

每个人上网都有自己的理由，你上网的理由是什么？假如你已经开始迷恋网络了，你觉得自己迷恋它的原因是什么呢？我希望你能思考下这个问题，把下面这个表格（表 4-2）完成，假如可能希望你能将答案发至我的邮箱：1429607376@qq.com。

表 4-2 关于网络的思考表	
问题提示	你的回答
你经常使用网络、智能设备（手机、iPad、电脑等）做什么？	
最初使用网络或玩游戏的原因是什么？	
你迷恋网络或游戏的原因是什么？	
你使用网络或玩游戏时的感觉是什么？	
你觉得使用网络或玩游戏有什么好处？	
迷恋网络或游戏会带来什么坏处？	
为什么你无法远离网络或游戏？	

究竟什么原因让你不能自拔呢?

习以为常的惯性。这是一种很正常的现象,譬如,每天晚上9点到10点这个时间段用来上网,时间一久,你在这个时间段的第一想法就是上网,这就是一种惯性。无论做什么事情,一旦养成习惯,就会有惯性。开始玩游戏并没有什么特别的想法,纯粹是感觉新奇和好玩,尝试了之后觉得不错,就开始玩了,可能当时也没有把这个当作多重要的事情去做,但时间长了就养成了习惯。

逃避残酷的现实。没有谁不想考出好成绩,可是并不是每个人都能考出好成绩。很多同学跟我交流的内容全都围绕成绩,问怎样才能提升成绩,甚至渴望到了疯狂的地步。当你觉得自己已经努力了,可依然没有取得好成绩时,你会如何?你知道父母最关心的是什么,老师最关心的是什么,说白了都是成绩。父母虽然意识到了成绩不是一切,可是实际能做到忘记成绩的却是少之又少,于是,不少同学选择通过网络逃避现实,把一切头疼的问题抛到脑后。

追求成就感。不少同学喜欢好莱坞大片,因为里边总有让你热血沸腾的英雄人物;有不少同学喜欢看小说,因为小说男主人公总是通过努力就变得超级厉害,各种打怪升级,最后打遍天下无敌手,更赢得了美女的爱。成就感是我们做一件事情的动力,说实话没有谁不喜欢被表扬被称赞的,而虚拟世界、网络游戏给了你施展的机会,按几下键盘或按键,就可以体验胜利的滋味。而且由于很多人学习成绩一般或不好,在家在学校都无法得到表扬,当渴求的成就感不能得到满足时,部分同学就会选择通过虚拟世界、网络游戏来满足自己。

享受无拘无束的感觉。很多同学的朋友圈很窄,甚至没什么朋友,在学校是学习,在家还是学习,即使面对朋友也很难做到无拘无束地交流。而在网络世界里,谁也看不到谁(只要不开视频),谁都不认识谁,你完全可以向对方吐露自己的心事。在网络中,你可以把自己塑造成一个完美的人,也可以把自己塑造成一个糟糕的人,你完全可以随心所欲,这也许正是你心动和迷恋的地方。

逃避沉重的压力。亚里士多德曾说过,人的本性是追求快乐而逃避痛苦。当你觉得自己生活在压力中,当你觉得一切都让你痛苦时,你会怎样?很多人选择逃避,像蜗牛一样缩进自己的壳里,可是你并没有"壳"。你希望日子能够快点过去,不想去面对现实,而在虚拟世界你可以忘记所有的一切。于是,不少同学选择了逃避，向网络逃避，把一切让你痛苦的问题抛到脑后。可是，这就像鸵鸟，你把头扎进沙子里，问题就会解决吗？不会！

伤人的家。你最在乎谁的关注？你最想得到谁的称赞？父母、老师还是朋友？人是很矛盾的，明明彼此互相在乎，却又莫名其妙地彼此伤害。家家有本难念的经，在我做的调查问卷中，多数同学觉得自己的父母"有问题"，父母不能真正了解自己，甚至有不少人对自己的父母有怨言。现在生活压力越来越大，父母身上的担子也越来越重，对你的要求也越来越多，可能关心你内心感受的时间越来越少了。让你觉得家不知道从什么时候开始，成了伤人的"囚牢"。

"谣言"误人。当你跟家人或者老师闹矛盾甚至反抗时，你听到最多的是什么——你处于青春期，你容易逆反，所以这是正常的。你可能也认可了——由于你是青春期，所以你会逆反。当你上网玩游戏的时候，你的父母有什么想法？——太可怕了，孩子居然上网玩游戏了，会不会有网瘾啊？在他们心目中上网玩游戏似乎成了十恶不赦的事情，似乎只要你上网玩游戏就会有不好的结果。还记得吗："如果有一个人告诉你你是一匹马，那是他疯了；如果有三个人告诉你你是一匹马，那他们一定是在酝酿一场阴谋；如果有十个人告诉你你是一匹马，那你就该买个鞍座了。"一旦你相信年轻就会逆反反抗，上网玩游戏就会上瘾，那你只能得到你想要的结果。

精神上的空虚。这么繁重的学习任务，怎么可能会空虚呢？事实上，很多人到了晚上就容易胡思乱想，对未来对明天充满了恐惧。吃的、穿的、用的，父母都会满足你，甚至你的学习他们都会为你安排。他们可以满足你任何物质生活上的需要，却不能接触你的内心，你内心真的需要什么你的父母不知道，你也没有告诉他们。

说白了，一个人如果没有要坚持的事情，不能获得进步，找不到现实生活中的成就感，就极容易沉浸在虚拟世界。

为何好的事情很难上"瘾"？

一提到上瘾，似乎总能和不好的事情沾上边，酒瘾、烟瘾、网瘾等，但是很少听人说诸如学习瘾、工作瘾、运动瘾之类的话，为什么好的事情很难上瘾呢？养成一个坏习惯很容易，但是养成一个好习惯却很难，甚至刚刚养成一个好习惯，就被一个不良的行为毁掉了。

很多同学明知道自己有很多坏习惯，却因为痛苦而不愿意改变，没有别的原因，只因他们知道总有人能让他们依靠，因为父母不忍心抛弃他们。可是当有一天没有人能让你再依靠，再来包容你时，你该怎么办？据天津的一项调查：51.9%的学生长期由家长整理生活用品和学习用品，74.4%的学生离开父母就束手无策。

网络本身没有错，但如果我们利用不好反被控制，就成了罪过。我们要做的不是怪罪网络和游戏，而是应该学习如何正确使用它们、控制自己，而不要让依赖控制了我们。

很多同学是因为学习、家庭的压力或者问题，一时不知道怎么办，选择了逃避才去接触网络游戏，然后在游戏中渐渐迷失自己，以为沉浸在其中就可以忘记现实的种种苦恼，殊不知酒醉总有醒的一天，你不可能永远生活在网络的虚拟世界中，你总要吃喝拉撒，回到现实，回到家中。选择逃避在我看来绝对是懦夫行为，我的父亲从小就教导我：咱可以没有能力解决问题，但是绝对不能逃避问题；没有能力咱可以学，但绝不能做逃兵！

说真的，我希望你能感谢高中，因为高中的竞争和压力，反而激发了你的斗志去努力，而到了大学，当没有老师督促你，仅靠自己努力时，很多同学反倒迷惘了，抱怨学校无聊，抱怨专业无趣，殊不知这全是自己的问题。

"网瘾"的问题不在"网"

有太多的父母为孩子的网络问题在犯愁，我想在他们眼中网瘾无异于洪水猛兽。很多父母把孩子网瘾的罪魁祸首归结到网络上，对孩子上网严加看管，采取了各种各样的手段。中国青少年网络协会曾进行过一次问卷调查，参与调查的近 200 名家长中，超过 80% 的家长不支持孩子上网；近半数的家长认为，网络就是造成孩子"网瘾"的原因。

一些家长甚至采用拔网线、砸电脑等方式阻止孩子与网络接触，可结果还是禁不了。用父母的话说，"网络就像罪恶的魔鬼，把孩子吸引进去了"。父母始终不明白这种打打杀杀血腥暴力有什么吸引人的。

以前说电视害孩子，后来说是录像厅害孩子，再后来说游戏机室害人，到了现在出现了网络、网络游戏，我们又把问题推给了网络和游戏……无论哪个阶段，对于孩子的问题我们总是找一个"替罪羊"，我敢肯定地说假如再出现新的东西，孩子又迷恋进去了，那家长们又会找到新的"某某瘾"。亚里士多德曾说过，人的本性是追求快乐逃避痛苦。一旦孩子遇到了困难和挫折，又没有人能帮他们解决，他们是肯定会退缩的。其实，不仅孩子如此，成年人如果困难太大压力太大，他也会逃避，也会找个"窝"躲进去；对于孩子来说，网络就是这个"窝"。

你觉得水是坏东西吗？不是，没有水，人没法子活；可是水又常常伤害人，淹死人。网络仅仅是社会发展的一个产物，就如同水一样，无所谓好坏。确实互联网有很多糟粕，需要规范和管理，但问题本身还在于我们自己。在移动互联网的时代，我们已经无法离开网络，在我看来，网瘾的问题不在于网，而在我们的思维方式，我们缺乏批判性思考能力，不知道如何思考问题和解决问题，不知道如何利用互联网产品，最终反而让虚拟网络成了我们逃避现实的温床。

不要把责任推到应试教育身上

整个社会弥漫着一种呼声——应试教育是不好的，孩子之所以出问题罪魁祸首就是它！说实话，我觉得这是人们不负责任的说法，就这一句话把问题全丢给制度了，仿佛家长、老师和学校就没有责任了！甚至有很多专家也不停地叫嚣——应试教育是罪魁祸首！把很多问题背后的原因直接归结到应试教育上，这是很悲哀的做法。全世界各国的教育都有问题，区别在于父母能为孩子做什么；教育不仅仅是学校的问题，更主要的还是父母的问题。

学校和家长看重成绩没错，因为你也在看重成绩，正如谁都想有名望有地位有财富，这是人正常的渴求，毕竟这对自身有好处，可问题就在于追求这个的同时，不能被它控制和束缚。不能为了成绩而追求成绩，除了成绩还是成绩。

把网瘾丢给应试教育本身就是不合理的，父母不妨反思自身的问题，老师也需要反思自身的问题，同时，你自己也应该思考下，网络之瘾背后的东西。我们常常希望通过改变别人来改变事情的结果，这本身就是错误的想法。

我们常常抱怨这个社会这不好那不好，说别人如何，可是我们自己做得对吗？我们又何尝不是这个社会的一分子，假如每个人都能从自身角度看问题，解决好自己的问题管理好自己，会不会影响整个社会？所以不要抱怨教育制度，我们可以通过改变自己影响他人，有很多人的成功并非因为学校教育，而是父母起了重要的作用，更重要的是自己认识到了，开始了改变，并且坚持了改变。

不要埋怨他人的道德水准，不要埋怨社会的整体风气，不要抱怨种种体制，而是要先反问自己有没有做得无可挑剔。与其在埋怨中蹉跎余生，不如从自我改变中发现意想不到的惊喜。

走出"上瘾"的十条魔法

　　网络、游戏说白了都是你的寄托物，这些都是你无力面对问题时用来逃避的"蜗牛壳"。逃避解决不了任何问题，为了解决这类问题，我给你几点建议。

　　魔法一：做事竭尽全力，不要拿"我已经尽力""我已经努力"作为借口。在我的讲座和讲课中，我一直在分享一个观念：不要拿努力、尽力作为借口，你要竭尽全力！我讲一个故事：

　　在美国西雅图的一所著名教堂里，有一位德高望重的牧师——戴尔·泰勒。有一天，他向教会学校一班的学生们讲了下面的故事：

　　有一年冬天，猎人带着猎狗去打猎。猎人一枪击中了一只兔子的后腿，受伤的兔子拼命地逃生，猎狗在其后穷追不舍。可是追了一阵子，兔子跑得越来越远了。猎狗知道实在追不上了，只好悻悻地回到猎人身边。猎人气急败坏地说："你真没用，连一只受伤的兔子都追不到。"

　　猎狗听了很不服气地辩解道："我已经尽力而为了呀！"

　　兔子带着枪伤成功逃生回家后，兄弟们都围过来惊讶地问它："那只猎狗很凶呀，你又带了伤，是怎么甩掉它的呢？"

　　兔子说："它是尽力而为，我是竭尽全力呀！它没追上我，最多挨一顿骂，而我若不竭尽全力地跑，可就没命了呀！"

　　泰勒牧师讲完故事之后，又向全班郑重承诺：谁要是能背出《圣经·马太福音》中第五章到第七章的全部内容，他就邀请谁去西雅图的"太空针"高塔餐厅参加免费聚餐会。

　　《圣经·马太福音》中第五章到第七章的全部内容有几万字，而且不押韵，要背诵其全文无疑是许多学生梦寐以求的事情，但是几乎所有的人都浅尝辄止，望而却步了。

几天后，班上一个 11 岁的男孩，胸有成竹地站在泰勒牧师的面前，从头到尾按要求背了下来，竟然一字不落，没出一点差错，到了最后，简直成了声情并茂的朗诵。

泰勒牧师比别人更清楚，就是在成年的信徒中，能背诵这些篇幅的人也是罕见的，何况是一个孩子。泰勒牧师在赞叹男孩那惊人记忆力的同时，不禁好奇地问："你为什么能背下这么长的文字呢？"

男孩不假思索地回答："我竭尽全力。"

16 年后，那个男孩成了世界著名软件公司的老板。他就是比尔·盖茨。

很多同学不敢相信自己的潜力，每个人都有自己的潜力，这个潜力不一定是在学习上，你总有个方面是优秀的。正如心理学家所指出的，一般人的潜能只开发了 2% ~ 8%，像爱因斯坦那样伟大的科学家，也只开发了 12% 左右。一个人如果开发了 50% 的潜能，就可以背诵 400 本书，可以学完十几所大学的课程，还可以掌握 20 多种不同国家的语言。这就是说，我们还有 90% 以上的潜能处于沉睡状态。谁要想创造奇迹，仅仅做到尽力而为还不够，必须竭尽全力才行。

魔法二：不要幻想自己失败之后有父母帮你解决一切，把自己想象成一个"孤儿"。很矛盾吧？我建议你多跟父母交流，可怎么又让你把自己想象成"孤儿"呢？前文我提到了依赖，你为什么会如此轻易地原谅自己的错误，为什么那样容易放弃，最主要的原因就是父母给予了你一切。你知道他们不会不管你，无论你怎样，他们还是会帮你。不要有这种想法，这是对自己不负责任，更是对父母不负责任。和父母交流是为了让你们彼此能够更加了解，感受到家庭的温暖，让你知道自己并不孤独；让你把自己想象成"孤儿"，是希望你在遇到问题和解决问题时，不要总是想让别人帮你解决问题，而是自己去体验，去尝试，找到自己的不足，体验过的东西才会有更深的记忆。

魔法三：学会延迟享受，不一定自愿自觉，但一定要坚韧不拔。我们做事情分两种状态：一种是自愿自觉去做；另一种是尽管艰难却不得不去做，坚韧不拔地去做。肚子饿了你会去吃饭，困了累了你会去睡觉，快乐的地方只要有机会你会去寻找，比如去网吧、玩游戏、看小说或聊 QQ，这些都是自愿的事情。

每个人都会去追求快乐，可是过于享受又会让你丧失前进的动力，无法实现自己的梦想。

如果爬一座小山，可以用散步的心情一边欣赏风景一边爬上去，不需要付出太多的努力；但如果要爬上泰山或黄山，即使你非常自愿自觉去爬，也会爬得气喘吁吁，汗流浃背，尽管景色很美，有的人可能就会中途放弃；如果要爬珠穆朗玛峰，那就绝对不仅仅是自愿自觉的问题了，这需要你付出所有的精力、体力和耐力，需要你有坚韧不拔的意志和面对绝境的决心，还要做好付出自己生命的准备。

很多有成就的人，也许开始是出于爱好兴趣自愿去做，但更多人开始就不是自愿自觉而是不得不去做的，之所以他们做出成就了，是因为到了后来都是坚韧不拔的勇气和意志开始越来越占上风；自己对自己的承诺，别人对自己的期待，使自己不得不努力前进，不断突破自己的局限。

这使我想起了一位游泳奥运冠军接受采访时说的话：你知道我身上有多少伤痕吗？小时候只是因为喜欢游泳，但后来整整 10 年就是为了奥运会的那一刻。

与其羡慕别人，逃避问题，还不如自己延迟享受，学会坚持，现在还不是你流泪的时候，你的感动和泪水是留给成功那一刻的。

魔法四：活在当下，让现在的行为具有未来的意义，学会设计未来。活在当下，利用好现在便能为将来做更好的准备；而谁能够把自己的未来设计得更好，谁就能够取得生命的最佳位置。

很多同学都渴望有个好未来，所以你必须具备面向未来的眼光，不能浑浑噩噩的，对未来一脸茫然，更不要把时间浪费在了上网、玩游戏、打牌、聊天、看电视上面。

设计未来，心怀未来，并不意味着要大家放弃现在生活中的乐趣，也不是要求你为了未来，让现在的行动变得苦不堪言。你要明白两点：

一是你现在做的事情是你喜欢做的事情，或者通过努力变得喜欢做的事情。比如说你喜欢读书，读书本身就是一种享受，同时"开卷有益"，读书能增长我们的智慧，提升我们的眼界，帮助我们更好地规划未来，所以要多读书。

二是现在做的事情能够和未来你生命中某一个更有意义的时刻挂钩。比如说你努力学习，尽管很辛苦，但最大的动力就是能够进入名牌大学。如果未来某一个有意义的时刻必须以现在的痛苦为代价，而你认为付出这种代价是值得的，那痛苦就会变成一种可以忍受的东西，甚至可以从中培养出坚韧不拔、永不放弃的精神来。

魔法五：拒绝逃避，不做逃兵。逃避解决不了问题，你闭上眼睛并不意味着别人消失了，看着问题，把它一点点地分解，你会找到办法的。

魔法六：不要动不动就挂起 QQ、聊微信。首先，我强调每个人一定要利用互联网，但不建议你时刻带着手机，挂着 QQ 和微信，以前做讲座，我会留下 QQ 或群号，自己也建立了一些 QQ 群，我发现很多同学有挂 QQ 的习惯，而且都是在上课的时候。不少同学告诉我，只是挂着不聊天，但是你总会时不时看看，有时候不是你自愿的，而是你下意识的习惯，一旦你遇到问题时，你的逃避心性会让你直接开始聊天。更要命的是，聊天一定会分散你的注意力，我对很多同学说，凡是上课的时候与我聊天我一律不回复。

魔法七：不要盲从。别人学习我也学习，别人玩我也玩，别人上网我也上网，别人打游戏我也打游戏……跟随别人是为了不落伍吗？你有没有想过，如果你不加思考地追随着别人，那是在浪费自己的精力、时间和生命。我知道很多同学在模仿别的同学，结果人家进步了，你始终在原地踏步！希望我们能在做事情之前，冷静思考一下其中的意义。

其实，太多人盲从于别人的选择：别人上大学，我们也上大学；别人出国，我们也出国；别人学电脑，我们也学电脑；别人学英语，我们也学英语；别人报课程，我们也报课程……不要看别人做什么，而是想想别人为什么这么做，在这个不断变化的时代，你在迈出自己的脚步之前，要先提醒自己：不要盲从！

魔法八：寻找生命中的危机感。和平年代不是没有危机，看不见的危机往往是最大的危机。全球化下，我们不再是一个县、一个市、一个省、一个国家的概念了，外来的"和尚"也在跟你抢饭碗！父母不会养活你一辈子的，想想自己有什么能力应对这些，需要做些什么，需要学习什么。

魔法九：把自己的时间安排得紧凑些，劳逸结合，把学习和其他事情结合好。把时间完全放在学习上，效率并不见得高多少，我个人觉得最重要的是学会投入做一件事，玩的时候投入玩，学的时候专注学。

魔法十：多和优秀的同学或朋友交流，学习他们身上的优点。多和朋友交流，他们会给你很多启发，尤其和优秀的同学或朋友相处会使你受益良多；你可以学习他们身上优秀的地方，可以互相监督、互相鼓励、共同进步。

Part

five

头疼的人际问题，该对谁说心里话

人生不是孤岛，成长的路上有同学、朋友、老师和亲人相伴。也许，独处是一种寂寞，可是与人相处却又是一种困惑。到底该以何种方式与同学、朋友相处？到底该如何认识老师，以何种方式与老师相处？家本是温暖的港湾，为何有时成为你痛苦的根源？你是否因处理不好人际问题而焦虑？如何突破人际相处的"囚牢"呢？

莫做没水喝的和尚——同伴关系

我还要维持这种虚伪的关系吗？

和博士：我们是一个宿舍的，上个学期期末，有两个人突然就特别地疏远我，我也不知道自己哪里惹到她们了，但这个学期又没有事了，可我总得万事小心，感觉自己一不留神就会踩到她们的地雷。哎呀，反正就是很复杂咯，一句话也说不清。我现在对她们没什么感情，却还得每天朝夕相处，还得对她们假情假意，我真怕自己哪天爆发了，跟她们连同学也做不成了。

感情一旦出现裂痕就很难恢复啊，我真的不想对她们笑，但又不能不笑。在我心里只有朋友我才会对她好，跟朋友在一起我才会安心，才会真的开心。整天戴个面具生活真的好难受。结果只是我再一次放下我的面子去跟她们摇尾巴。

错位的同学关系

　　进入中学后，学习成了你的重心。看看你一天的生活吧：假如你是走读生，一天学习之后，你会回到家里继续学习；假如你是住校生，教室、食堂、宿舍三点一线，每天接近 13 个小时甚至更多时间都在学习。在学校，老师甚至绝大多数同学都是学习至上，全部的生活都围绕着学习展开，仅有的同学交流，恐怕就是吃饭、晚上回到宿舍的时候。很多同学向我抱怨他们的生活多么的痛苦，你觉得这样的生活痛苦吗？假如痛苦，那你觉得什么样的生活才是你想要的。

　　我不禁想到了我的高中生活，当时，我也是住校，一个月放假一次，可以回家 3 天。但我一直庆幸，庆幸自己周围有一群好同学，相互关心和帮助，学习虽然也很累，但也不觉得什么。在学校除了学习，还有各种各样的活动，当然不是学校组织的，大都是我们自发组织的，譬如下课拿篮球当足球踢、骑自行车比赛、变态地倒着背诵课文比赛，还自发组织了宿舍足球对抗赛、学习互助小组等。我们班有 70 多人，但是很融洽，没多少人觉得学习是多么痛苦的事。

　　下面做一个小小的问答（见表 5–1），你觉得你们班的同学关系如何？

表 5–1　关于同学关系的调查表
A. 好　B. 一般　C. 差　D. 很差　　　你的答案：
原因是：
你心目中好的同学关系是：

　　我发现不同的地方同学关系也不同，在浙江一些地方，我了解到一个很令人震惊的情况：一位宁波的老师告诉我，她那里一些学校成绩不错的学生在学

校就是玩，在家疯狂补习，让所有人觉得我能有好成绩就是玩出来的；甚至有些人在校考试中隐瞒自己的实力，在大考中一鸣惊人！居然玩起了心计，他们还仅仅是高中生啊！

同学之间真的是竞争关系，他胜了你就败了吗？竞争永远存在，竞争的价值是互相促进。和优秀选手比赛，自己的状态也会好起来。更何况，同学关系远不是这样。

我们常常抱怨学校、抱怨家长把我们搞得这么累，我们压力如此大，总是希望有人能够帮我们分担，有人可以跟我们站在同一个战壕，可是我们却把战友推开了。假如你在一个非常差的班里，上课没人学习，都在说话捣乱，你可以学习好吗？假如所有的人都各顾各的，除了老师没有人愿意帮助你解决学习生活的问题，你感觉舒服吗？会好受吗？有些同学可能觉得自己成绩好，将来能考上大学，不需要别人的帮助。可是，我觉得他们很悲哀，因为未来他们会很痛苦，我见过太多这样的例子了，很多人高中时的自我优越感在大学里完全消失了，因为没有跟人相处、相互帮助的经历，也不愿意做出任何让步，留级、退学甚至自杀的大有人在。另外一些同学，可能学习一般甚至很不好，觉得自己在班里就是多余的人，跟班里的人没法沟通，于是，就用一堵无形的墙把自己和同学分隔开了。

每个人都有属于自己的面具，当你面对同学时，你会付出多少真心？我们总是用怀疑的眼光看同学，总是抱着防备的心态在跟同学交流。也许，你灿烂的笑容背后隐藏着悲伤的心，只是同学们没有看到。谁都渴望朋友，可是为什么得到真正的朋友如此难？学习好坏、生活背景、家庭情况都不是最大的障碍，最大的障碍是我们的内心。

不想失去却又不得不忍受

你和同学或朋友发生过矛盾吗？我曾做过关于朋友问题的调查，基本上99%的同学都和自己的同学或者朋友产生过矛盾。如果你和自己的朋友发生矛盾了，你会如何做？我们做个小调查（表5-2）：

表 5-2　如果你和同学或朋友发生矛盾，你会做什么？
1.
2.
3.
4.

每个人心中都有个问题系统，总是以问题的眼光去看待人和事；大多数同学都是以自己为中心，如果别人做的事情让自己不舒服了就会抱怨。我遇到的很多同学都处于这种状态，其实，很多时候，原本是很简单的事情，但由于我们看问题的角度不对，或者理解错了，导致了双方的误会。

与朋友、同学相处，不仅仅是让别人了解你、理解你，更重要的是你要了解他们，理解他们。和我对话的女孩很难过，因为要委屈自己去迎合室友，其实，委屈的仅仅是她一个人吗？那两个女孩心中也在想自己也需要敷衍她，真是痛苦。

好笑吧，你看别人有问题，其实，别人看你也有问题。有时候，为了能够凑合下去，你不得不戴上面具，就像和我对话的那个女孩。在她与我沟通的过程中，她始终认为错不在她，其实，这也恰恰说明了她也有错。就像我刚才讲的，一个巴掌是拍不响的，所以，当真的出现问题了，最应该做的是抛开偏见，心平气和地沟通，也许你们都误解了对方呢？

有些同学说，沟通过了但是解决不了问题，结果，还是不得不继续在他们跟前"摇尾巴"。我只能说，要么这个朋友不是你真正需要的朋友，要么是你们没有做好沟通。如果不是真正需要的朋友，你没必要在他跟前"摇尾巴"；如果是你的朋友，那肯定是沟通上出了问题，你们没有把真正的问题找出来，没有消除误会。有时候，即使你消除了误会，也会有一段时间的隔阂。下面这个故事可以给你一些启发。

从前，有一个脾气很坏的男孩。他的爸爸给了他一袋钉子，告诉他，每次发脾气或者跟人吵架的时候，就在院子的篱笆上钉一根。第一天，男孩钉了37根钉子。后面的几天他学会了控制自己的脾气，每天钉的钉子也逐渐减少了。他发现，控制自己的脾气，实际上比钉钉子要容易得多。终于有一天，他一根钉子都没有钉，他高兴地把这件事告诉了爸爸。

爸爸说："从今以后，如果你一天都没有发脾气，就可以在这天拔掉一根钉子。"日子一天一天过去，最后，钉子全被拔光了。爸爸带他来到篱笆边上，对他说："儿子，你做得很好，可是看看篱笆上的钉子洞，这些洞永远也不可能恢复了。就像你和一个人吵架，说了些难听的话，你就在他心里留下了一个伤口，像这个钉子洞一样。"插一把刀子在一个人的身体里，再拔出来，伤口就难以愈合了。无论你怎么道歉，伤口总是在那儿。要知道，身体上的伤口和心灵上的伤口一样都难以恢复。

我想，假如你的朋友误解你了，你会难过或者生气；当他明白了真实情况，消除了误会，虽然你很不爽，但，你还是原谅他了，他也还是你的好朋友，这也正是友情伟大的地方——包容、体谅。

不要陷入自恋的幻觉

每个人都渴望控制自己的人生乃至周围的世界。随着你的成长，当你的优势越大取得的成就越大时，你的内心深处"我能控制我的人生，我能左右一切"的声音就越发强烈。举个简单例子，假如在小学你一直是优秀学生，成绩非常好，升入初中后，你内心的优越感会让你觉得自己仍能左右成绩；可是假如在初一你连续几次考试出了问题，这时你的控制感被打破了，原本觉得自己在学习上"无所不能"的感觉没有了，这时你可能很容易转为"我对学习无能为力了"，从此，你开始怀疑自己，而不是从其他方面找原因。

在与同学或朋友交往中，假如你在某些方面有优势，那么在这些方面你极有可能忽略其他人的感受，你所谓的"自信"常常会让别人按照你的想法做事情，一旦出现不同的声音，你心里就会产生不舒服的感觉。时常有同学跟我抱怨，为什么朋友不理她了，为什么朋友跟别人去玩了。其实，这些同学心里有这样一个声音："我对他们好，他们必须对我好。"也即"既然我把你当作朋友了，你也必须把我当作朋友，而且要跟我有同样深度的感情"。很多同学希望别人把自己当作最好的朋友，少跟除自己以外的人来往，这种观点是不正确的。

每个人心中都有很多自以为是的想法，而且常常围绕自己建立起一系列关系，常常以自己利益为出发点，一旦自身利益受到损失就产生不舒服感。我建议大家要学会大度和宽容，付出看似是一种"很傻"的举动，但你能赢取别人的真心，而且也为未来种下了"因"。人际相处最害怕的就是"自恋幻觉"，而自恋最核心的解释就是希望周围的人能够按照自己的意愿来行动。

我的校友武志红老师的《为何越爱越孤独》一书中提到了"自恋幻觉ABC"的公式，即：

我做了 A，你要做 B，否则，你就会得到 C。

这是心理学中典型的"投射性认同"游戏,"投射"简单的理解是将自己身上所存在的心理行为特征推测成在他人身上也同样存在。"投射性认同"就是我将我的东西投射给了你,你认同了我的投射,并表现出我所渴望的行为。

与朋友相处,很多同学是这样一种模式:你为朋友付出了——这是你做的 A,那么他就得表现出 B——这是你所渴望的东西;一旦朋友没有表现出 B,你就会心里不舒服,甚至迫使他表现出 B 来。我们经常认为自己所做的一切都是为了朋友好,但这个背后存在一个逻辑就是既然我在做对他们好的事情,他们就应该表现出我内心渴望的行为来,一旦不是你将很"痛苦"。

德国心理学家埃克哈特·托利在《当下的力量》中有一段描述很好,这也是对很多同学现状很好的解释,"我们很容易被我们的想法所控制,因为我们认同了这些想法,将这些想法等同于'我',如果放下这些想法,就好像'我'要消融一样"。

所以,我建议你多给别人一个选择,也多给自己一个选择,一旦事情跟你想的不一样,先停下来想想,自己是否犯了"自恋幻觉",让彼此都有一个选择空间。

你需要什么样的朋友？

你一定要清楚一件事，你需要什么样的朋友。

整天和你腻在一块儿的人不一定是真正的朋友。真正的朋友在一定程度上是心心相通的，不是做给别人看，不一定形影不离，不一定处处讨好你、事事维护你，但能在你需要的时候主动来到你身边。这样的朋友也许看起来关系平淡，但是真诚的朋友、知心的朋友，当然也一定是永远的朋友。

中国有句古话叫作"近朱者赤，近墨者黑"，一位老师给我讲了一件他学校发生的事情。

中考后，两名学生同时考上了一所重点中学，一位是统招生，一位是自费生。上高中后，统招生自以为入学成绩好，不再像以前那样用功学习了，他结交了一批爱吃、爱穿、爱玩的朋友，一有时间就去逛街、上网吧，话题总离不开吃、穿、玩，根本没有心思学习，结果成绩大滑坡。而那位自费生认为自己的成绩不理想，再加上自费生比统招生学费又高很多，如果自己不努力，既难考取大学又有愧于父母，所以自入学的那天起就把时间和精力用在学习上。他结交了一批志趣相投，有抱负、有理想的同学，他们经常聚在一起切磋学习，交流思想和心得。这位同学进步很快，学习成绩不断上升。高考揭榜，那位统招生名落孙山，而那位自费生却金榜题名。

没有朋友很可怕，可是有了不好的朋友更可怕，所以选择朋友一定要慎重。既然成为朋友，就要互相帮助、互相促进，这才是朋友，并非为了一己之私，利用别人。

在中学阶段，同学关系非常重要。我高中毕业快20年了，在创业阶段，在我需要帮助的时候，我的高中同学给了我很多帮助，同学关系是未来信任关系的基础。一个人学习很累，大家一起学习，会带动整个气氛，至少当你想放弃的时候，看到这群和自己一起的家伙还在努力，你便不容易放弃了。集体帮助式的学习更容易提高成绩，另外，当一个人有困难时，大家一起帮忙又会令我们感到情谊的温暖。

正如高尔基说的："真正的朋友，在你获得成功的时候，为你高兴，而不捧场。在你遇到不幸或悲伤的时候，会给你及时的支持和鼓励。在你有缺点可能犯错误的时候，会给你正确的批评和帮助。"你要明白你需要什么样的朋友。

有这样一个故事：

有一次，爱默生和他的儿子想把一头小牛赶进牛棚，但他们犯了一个普遍性的错误，他们只想达到他们自己的目的。爱默生在后面推小牛，他儿子则在前面使劲拉小牛。然而小牛犊怎么也不肯合作，任凭爱默生父子累得满头大汗，它就是蹬紧四腿，顽固地不肯离开原来的地方。爱默生的女仆看到了这个僵持的场面，就跑了过来，她比爱默生了解牛的性格，知道小牛想要什么，她把拇指放入小牛的口中，让它像吮吸母牛的乳头一样吮着，结果毫不费力地把它引入了牛棚。

爱默生感叹道："如果你希望牛和你合作，你就必须先了解牛的需要。其实人与人相处又何尝不是如此呢？"

要交到真正的朋友，就需要了解别人的需求，学会与人相处。当你考试考砸时，你肯定不愿意看到你的朋友在你跟前不断炫耀他考得如何好，假如他这么做了，我想他会很惨；同样，当你需要别人了解你的时候，也要清楚是否了解别人。这个世界上最可怕的就是"应该"两字，"他应该知道的""她应该不会这么做的""他们应该来的"……"应该"都是你自己的想法，或者说是你一厢情愿，你怎么知道别人想什么？！

我们出现冲突、产生矛盾多是因为不了解彼此的需要，所以，不要老是想着别人应该如何对待你，别人应该如何帮助你，你也应该想着如何对待别人，如何帮助别人，要考虑别人的感受。

与同学、朋友发生矛盾是常有的，怎么对待矛盾呢？给你一个不错的方法。

工具十二：同伴矛盾分析解决表	
你的观点	同学、朋友的观点
你们的冲突点：	
你的解决方法	同学、朋友的解决方法
你们可能的误解原因：	
你们最终选择的方法：	
选择的原因：	

与别人交往时，我们常常有四种心态，你需要了解自己要选择哪种心态。

肯定自己，否定他人。有人曾经讲过这样一个故事：

一位画家在美国画廊示范挥毫，并技惊全场，获得热烈掌声之后，有人举手："请问中国画与日本画之间有什么联系？"画家回答说："日本画全学自中国，但是有骨没肉，毫不含蓄，不值得一看！"话没完，观众已纷纷离席。

没有人喜欢被别人居高临下地指手画脚，以"我行你不行"的心态与别人交往，凡事都"我对你不对"，这样的人很难拥有良好的人际关系。

否定自己，否定他人。认为自己不行，同时也认为别人并不比自己高明多少。在这种人眼里，世界只有灰色与黑色，常常后悔、自责或者责备别人。这样的人所发出的信号往往让人不舒服，别人自然也不会喜欢与其来往，长此以往人际关系自然会恶化。

否定自己，肯定他人。拥有这种心态的人，常常感到自己是无能和愚蠢的，无论做什么都不行，而似乎所有的人都比自己强得多。与别人交往时，经常把"对、好、行"挂在嘴边，用一种近乎讨好的态度对待别人，唯恐得罪他人。这样一直戴着面具生活着，久而久之会让自己觉得身心疲惫，同时也让他人感到虚伪。

肯定自己，肯定他人。保持这种心态的人，充分体会到自己拥有一种强大的理性能力，对生活的价值也有恰当的理解。虽然他们并非十全十美，但他们能客观地悦纳自己与他人，正视现实，并努力去改变他们所能改变的事物。他们善于去发现自己、他人和世界美好的一面。

要和其他人一样吗？
随波逐流下去！

三个和尚真的没水喝吗？

我们常说"一个和尚挑水喝，两个和尚抬水喝，三个和尚没水喝"。为什么和尚多了反而没水喝了？说白了是人多了合作就差了，不是人多力量大，而是人多了依赖就多了，人的惰性就出来了。

有个很有意思的现象：当一个病人躺在行人稀少的大山旷野里时，几乎每一个路过的人都会主动上前关心；而当病人躺在车水马龙的大街人行道旁时，则很少有人会过问。这在心理学上叫作"责任分散"现象，即人少时，每个人的责任和义务就大；当人多时，每个人的责任和义务就小。所以在大山旷野里看到病人时，就会觉得自己有责任和义务去关心他，否则就会受到良知的谴责；而在热闹的大街上看到一个病人躺着，就有一种"反正有人会去关心""与我无关"的心理。

在一个集体中最怕的就是这样，总觉得别人会做，结果没有一个人做。一些外国人这样形容我们："一个中国人是龙，三个中国人是虫。"为什么单个优秀聚到一块儿就变成不优秀了？人心不齐啊！由此可见，我们缺少什么——缺少合作！在中学我们就缺少了合作，只有竞争——高考的独木桥，别人过了我就不好过了，竞争成了"你死我活"。英国有句谚语："一个人做生意，两个人开银行，三个人搞殖民地。"这恰恰说明了英国人的团结。

三个和尚真的没水喝吗？在我看来，新的理念应该是"一个和尚没水喝，三个和尚水多得喝不完"，管理学中有这样的故事。

和尚挑水路比较长，一天只能挑一缸就累了。三个和尚商量，咱们来个接力赛吧，每人挑一段路。第一个和尚从河边挑到半路停下来休息，第二个和尚继续挑，又递给第三个和尚，挑到缸里灌进去，空桶回来再接着挑，大家都不累，水很快就挑满了。这是协作的办法，也叫"机制创新"。

老和尚把三个徒弟都叫来，说我们立下了新的庙规，要引进竞争机制。三个和尚都去挑水，谁挑得多，晚饭加一道菜；谁的水挑得少，白饭，没菜。三个和尚拼命去挑，一会儿水就挑满了。这个办法叫"管理创新"。

三个小和尚商量，天天挑水太累，咱们想想办法。山上有竹子，把竹子砍下来连在一起，竹子中心是空的，然后买了一个辘轳。第一个和尚把一桶水摇上去，第二个和尚专管倒水，第三个和尚在地上休息。三个人轮流换班，一会儿水就灌满了。这叫"技术创新"。

看完这个故事，你知道自己要怎样做吗？

向 "大雁" 学习

你知道大雁吧，每到秋天大雁排成 V 字形飞往南方过冬，你知道大雁为什么这么飞行吗？科学家们给出了一些让我们吃惊的答案：

研究发现，每只大雁拍打一次翅膀，都会给身边的另一只大雁产生升力。通过排成 V 字形，整个雁群的飞行路程比他们独自飞行所能达到的距离要远上 73% 左右。

当一只雁掉了队，感到飞行吃力时，它就会自动地飞回队伍，借助集体的力量继续飞行。

启示：那些向着共同的目标前进、彼此相互依存、分享团队的力量、有集体意识的人能更迅速、更容易地达到目标，因为他们在前进中相互信任。

当领头的大雁累了，它会收回翅膀，然后另一只雁就会接替它的位置。

启示：领导者的位置也要能与队友分享，困难要共同承担。如果我们能有大雁的这种意识，就应当和整个团队协调好，并与队友们分享自己的智慧与信息。

后面的大雁不时地发出鸣叫，鼓励前方的大雁保持飞行速度。大雁的鸣叫能够鼓励前面的队友，协助日夜劳累的整个雁群保持飞行步调的一致。

启示：彼此之间的鼓励是非常重要的，成员之间保持彼此鼓励的团队的产出，就会高于其他类型的团队。我们的言语也要具有激励性，否则，只能是——花言巧语！

当一只雁病了，或中了枪从空中落下去，其他两只雁会从雁群飞出，跟着受伤的雁飞到地面，以便能保护队友。它们将一直陪伴在伤者身边，直到它痊愈或死去。然后，它们再一起飞回雁队赶上队友。

启示：当我们团队中的任何一名成员落后时，其他成员就有责任帮助他成长。如果我们如大雁一般，无论在困境或逆境时，都能够彼此维护，互相依赖，再艰辛的路程也不惧遥远。

在学校，一个班集体犹如一个雁群，每名同学都是雁群中的一分子，你离不开集体，集体也离不开你。主动帮助班里有困难的同学，每个人都有自己的特色，将自己的特长贡献出来；当你将自己的优点分享给别人时，你也学到了别人的优点。高考不是一个坎儿，当你们朝着同一个目标前进时，"雁群"就是你们的努力方向。

人际交往中的黄金法则和白金法则

我想大家都渴望有一份稳定的友情，如何同朋友和同学相处是你不得不学习的，我向大家介绍两个人际交往的法则，一旦你掌握了，你的人生将发生巨大变化，这两个著名法则是黄金法则和白金法则。

黄金法则出自基督教《圣经·新约》中的一段话："你想人家怎样待你，你也要怎样待人。"白金法则是美国最有影响力的演说人之一和最受欢迎的商业广播讲座撰稿人托尼·亚历山德拉博士与人力资源顾问、训导专家迈克尔·奥康纳博士研究的成果。其精髓在于"别人希望你怎样对待他们，你就怎样对待他们"。

黄金法则是一条做人的法则，又被称为"为人法则"，正如古语所讲："己所不欲，勿施于人。"白金法则更强调从别人出发，尊重别人的需要，再调整自己，更像一种处世法则，我把它称为"处世法则"。有人说白金法则比黄金法则进步，我觉得两者侧重点不同，前者从自己出发，修己身，做个人品牌；后者从他人出发，讲究的是外界情形对自己的提升和约束。这里要注意的是，满足别人的需要并不意味着迷失自己，白金法则要注意三个要点：

要点一：行为合法，不能要什么给什么，你做人、做事都需要底线；

要点二：交往应以对方为中心，对方需要什么我们就要尽量满足对方什么；

要点三：对方的需要是基本的标准，而不是说你想干什么就干什么。

在同朋友、同学相处中，我们应该以这两个法则为基础，尊重自己，尊重他人，每个人都有自尊心，我们不能说这个人好值得我尊重，我才去尊重，不值得我尊重我就没必要尊重。我们都渴望赢得别人的尊重，也许一个人不是特别能干，也许一个人没有显赫背景，也许一个人没我们优秀，但尊重与这些无关，尊重没有值不值得之说，每一个人都值得尊重，我们也应该尊重每一个人，正如我们渴望别人尊重一样，这恰是黄金法则的真谛。

有时候你会特别讨厌一个人，但不能因为他让你很讨厌你就辱骂侮辱他，尊重别人是做给自己的，不是给别人。确实有些人不值得作朋友，没关系，我们可以尊重他，不在他身上浪费你的感情和时间就好，青春期的我们总渴望赢得每个人的好感，但很难。

假如你想和朋友、同学友好和谐相处，请遵守两条法则，同时我也给你六条建议：

第一条建议：先理解别人，再让别人理解你；

第二条建议：学会与人分享，懂得宽容他人；

第三条建议：尊重他人，以诚相待，不要伤害别人；

第四条建议：倾听他人，适当表达自己；

第五条建议：学会合作，让大家的效率更高；

第六条建议：信守承诺，勇于承认错误。

也许你没有太多朋友，也没有坚固的友谊，试着用这些方法与他人相处，过一段时间，也许会发生一些变化哦。

第
二
章

老师是伯乐还是"敌人"？——师生关系

学生与老师的"战斗"

"我很不喜欢我的班主任，他太势利了，对我们学习一般的同学，根本不关心，只关心那些学习好的同学。我们问他问题都不爱搭理我们，老师怎么能这样？"

"老师对我越好，我越怕他，他表面上对我好，还不是为了我的成绩好，成绩好就能给他带来奖励，就能给他荣誉。他对我越好我越觉得他虚伪。"

"我是一名老师，又是一位母亲，孩子回家说老师对他不公平，他班上学习最好的女同学跟他发生了矛盾，老师没怎么批评她，直接处罚了他。孩子问老师为什么会这样，他很委屈。"

在上海一所知名度很高的重点中学，上课的老师对一名不停讲话的学生进行了批评，这个学生忽地站起来，指着老师大声问：你一个月挣多少钱？还没有我一个月的零花钱多，你当这么个破老师有什么意思，还来管我？

在一所重点中学，一位老师因制止考试中不守纪律的学生，而被数名学生群殴致昏迷，左眼几近失明，身体软组织严重挫伤。

你没有想过的另一面

你有不喜欢的老师吗？你和老师发生过矛盾吗？你心目中的老师是什么样的？停下来做个思考（见表5-3）。

表 5-3 关于老师的思考	
你有不喜欢的老师吗？	
你和老师发生过矛盾吗？	
你心目中老师的样子是：	

我问过很多同学，心目中的老师是什么样子，得到最多的答案是：老师应该知识渊博、胸怀宽广、成熟、幽默，最重要的是不要老说我们，能够热心地帮助我们。

假如你在学校出了事情，要谁负责？如果在学校上体育课你一不小心伤了腿，你觉得你的父母会怎么做？杀到学校，找学校理论，因为他们的孩子——你在学校受伤了，这是谁的责任？老师的责任，学校的责任！

当你在学校学不好时，你可以找个理由告诉自己的父母，你的老师授课水平不高，这时你的父母会怎样？跟着你一起批判老师，因为是老师让你——他们的宝贝孩子学习不好！

假如你考了好成绩，你会怎样想，你父母怎样想？多数人会觉得那是你——他们的孩子聪明，是你努力学习的结果，老师的功劳反而是其次的，因为被夸奖的人是你，而不是老师。

老师工作获得收入正常吗？很正常。老师教出成绩好的学生受到奖励正常吗？更是正常的。其实，你的父母也明白，因为他们工作优秀也会得到嘉奖，这是优秀的表现。哪个老师不希望自己的学生学习好呢？你学习好了，他不仅仅是得到名和利，有时候，更重要的是内心那份成就感。

一个有意思的现象是，很多人抱怨老师不好，可是换了好老师之后，他们的学习成绩就一定会提高吗？谁敢保证？很多人说老师管得太严，可是完全给他们自由，他们能否控制住自己呢？我想很大一部分同学没法克制自己。

你可以看看你刚才做的老师形象的描述，我做过一份相关的调查，绝大多数同学心目中老师的形象是好的，甚至崇高得让人"膜拜"，为什么？因为我们内心都渴望好的老师，正因为这份渴望，正因为这份尊重，我们才对老师有种种苛刻的要求。

学生苦不苦？苦，真的很苦！但老师也一样苦，你觉得老师不知道轻松学习的道理吗？假如你能看看老师写的学术论文就知道了，他们写得很好，很有见地，对于减压、减负说得头头是道，对于让你们快乐成长更是说得很有道理，可是为什么不能实施？压力——学校的压力，家长的压力！如果你们没有好的学习成绩，老师的绩效就会差，绩效差工资就低，假如他们连生活都得不到保障，又怎么可能全心全意为你们服务？假如你们每天都很轻松却没有好的学习成绩，你的父母会怎样？他们会抱怨这个学校，因为你们没有好成绩就不能考上大学，考不上大学还在这个学校学习干吗？

有多少老师能顶住压力？他们生活在夹缝中，上面要顶着学校的压力，下面要顶着你们的压力；两边一个是你们父母的压力，另一个是社会生存的压力，他们该何去何从？

你有没有想过这些？

错位的师生关系，到底谁的错？

老师打学生，学生打老师，到底是谁错了？

我也经历了你们这个年龄段，也有和你们一样青春荡漾、不爱受管教的一面，我知道有些同学上课会说话，容易做些小动作。你是个遵守纪律的人吗？一般来说高中比初中要好些，高中繁重的学习让你捣乱的时间都少了，经常说话捣乱的人，估计多数是学习上遇到了困难，而且困难越积越多，最后不愿意面对学习逃避学习的学生。

说句实话，偶尔说句话、做一两个小动作情有可原，可是一而再再而三呢？你可以不学习，但是，请不要影响别人。事实上，一旦你不断违反纪律，就一定影响了别人，对于这样的同学，估计班级里的很多同学都是恨得咬牙的。

假如换你做老师，有同学在课堂上不断地讲话、搞小动作，在老师的多次提醒下仍不改，甚至抵赖并用言语顶撞老师，更有甚者公然向老师挑衅，这时你该如何办？

学生打老师的现象是个别现象，哪个学生正正常常没事儿干就去揍老师？即使这个老师有些可恶他也不会。可是为什么有些人做了呢？说明这些人出了问题。我遇到过很多这样的孩子，这类孩子多是遇到了诸如家庭、学习或者交友之类的问题，这些问题他们无力解决，于是做了可怜的逃兵，用种种做法麻痹自己的内心。但是，这些都不能作为借口，作为自己"无法无天"打骂老师的借口。

很可悲的一个现象是，老师把少数现象当作了典型，说学生多么难管教，要出成绩必须严格，严格的背后也打击了很多表现很好的同学；而一些同学则又把老师打学生老师不好作为借口去找老师的问题，殊不知很多好的老师也被这样的举动寒了心。

老师有老师的无奈，学生有学生的痛苦，到底是谁的错？谁都在把问题丢给对方，难道自己本身就没有错吗？暂且不说老师的错误，因为我们改变不了老师，但是，你能不能改变自己呢？自己是一切的根源，也许你的老师不好，也许你受到了不公正的待遇，但是这样的不公正能影响你几年？我读高一时，也有一个让我非常忿恨的老师，在他眼里我的所有努力似乎都没有可取之处，于是，我发誓要把这科学到最好，让他没法子找我的毛病挑我的刺。年少时我们很傻，常因为不喜欢这个老师，就不喜欢这个科目。虽然老师不是只有他一个，能帮你解决问题的人也不止他一个，但毕竟他是给你授课的老师，假如你不喜欢他，那你更需要在他的课上认真听课，以防自己有疏忽不会的，毕竟你不喜欢问他题目。即使你有不会的题目，也不能掖着藏着不问老师，相反，你更要去问他，凡是不会的题目你都问，他可以拒绝你一次、两次，但是不能总拒绝你吧。

也许，你真的觉得自己不适合在学校学习，那没有问题，不是每个人都要通过高考走出自己的未来，但是，既然你和班里的同学分到了一起，那就是一种缘分，又何苦用自己的痛苦惩罚班里的同学呢？3年也可以使你收获宝贵的同学之情，这是多么宝贵的财富。

莫让自己被社会上弥漫的说法遮了眼。

老师也会成为你的"伯乐"

　　有位老师上课时跟学生说："其实老师并没有暴力倾向，老师并不喜欢体罚学生，对于你们中的一些调皮分子，我只需要给你们讲明道理，让你们明白该怎么做就行了，我的义务就尽到了。但是，我不仅要对你们负责，还要对全年级、全校负责。当你们的家长把你们送进学校的时候，你们的家长包括你们自己都希望在学校有一个好的学习环境，能接受好的教育，有个公平的待遇。如果由于你们某些人的行为破坏了课堂纪律，破坏了班上的学习氛围，让其他同学的利益受到了伤害，那我就必须规范你们的行为。你们必须为自己的行为负责，你们从小就应该学会为自己的行为负责。如果犯了错的人可以不受到处罚，反而受到优待的话，我相信人人都有犯错误的欲望和冲动，毕竟犯错比遵守纪律要容易得多。如果是这样，我想我们学校也不用开了，大家都去犯错误算了。一个不能为自己的错误行为负责的人就是一个废人，他会对社会造成危害，中国人需要责任感教育。"

　　你赞同这个老师说的话吗？

　　有一点你会赞同：假如老师欣赏你，你又喜欢这个老师，他教你，你一定会在这科上有不错的表现，至少你不愿意让老师失望吧。经历过高考的失败，我加入了复读生大军，开始确实不太适应，心里有些暗暗失意，毕竟自己是一名失败者。而就在这一年我遇到了我的班主任，她教的是英语；也正是因为她，我的补习班的生活变得丰富。我是班里的学习委员，却比英语课代表更像英语课代表，甚至老师去进修的几天都让我帮她进行考试——发卷子，批卷子，甚至讲解试卷。这完全出乎我的意料，但老师说她相信我，相信我有这个能力。这一年，她让我学到了很多，这一年除了自己学习我还不断地帮助班里同学解决问题，甚至在班里发起一个每日分享活动——每天晚自习前，每名同学轮流到讲台上分享一道自己觉得非常不错的题目。

老师并非仅对我青睐有加，她是第一年来我所在的中学教书，对班里的同学一视同仁，又是那么的负责任；她的努力在高考中得到了回报，我们班的英语成绩全校第一，我们班重点录取率也是全校最高的。

我想很多同学也有自己欣赏的老师，这些老师对你也还不错，那为什么不尝试着为了这样的老师改变自己呢？你也可能是下一个千里马！

即使有"伯乐"，你也得是"千里马"

有一个故事至今使我深有感触，或许，你也会受到启发。

有一个自以为是全才的年轻人，毕业以后屡次碰壁，一直找不到理想的工作，他觉得自己怀才不遇，对社会感到非常失望。多次的碰壁工作，让他伤心而绝望，他感到没有伯乐来赏识他这匹"千里马"。痛苦绝望之下，有一天，他来到大海边，打算就此结束自己的生命。

在他正要自杀的时候，正好有一位老人从附近走过，看见了他并且救了他。老人问他为什么要走绝路，他说自己得不到别人和社会的承认，没有人欣赏并且重用他……

老人从脚下的沙滩上捡起一粒沙子，让年轻人看了看，然后就随便地扔在了地上，对年轻人说："请你把我刚才扔在地上的那粒沙子捡起来。"

"这根本不可能！"年轻人说。

老人没有说话，从自己的口袋里掏出一颗晶莹剔透的珍珠，也是随便地扔在了地上，然后对年轻人说："你能不能把这颗珍珠捡起来呢？"

"当然可以！"

"那你就应该明白是为什么了吧？你应该知道，现在的你还不是一颗珍珠，所以你不能苛求别人立即承认你。如果要别人承认，那你就要想办法使自己成为一颗珍珠才行。"年轻人蹙眉低首，一时无语。

也许，你会说你没有遇到好的老师，没有好的老师识别你这匹"千里马"，可事实上，自己是"千里马"吗？也许，你具备这个潜力，但是还不足以让人认识你识别你。

为何有些同学考好了，升入了不错的学校，有些没有呢？并非老师在偏袒那些学生，给了他们足够的照顾，而是由于我们自身的水平还不够，我们还需要去努力，自己还是一颗"沙粒"，还没有成为"珍珠"。

　　师傅领进门，修行在个人，自己是一切的根源。有时候，你遇到了好老师，也需要你自己努力成为"珍珠"，变成"千里马"，如果你不朝这个方向发展，有"伯乐"也没用。

读懂老师的心

有一则故事让我久久不能平静，我常常想是否当年也误读了老师的心。我希望每个同学看后，也想想自己是否读懂了老师的心，有时候老师的"歧视"也是一种美丽。

高考落榜，对于一个正值青春花季的年轻人，无疑是一个打击。8年前，我的同学大伟就正处于这种境地。而我刚考上了京城的一所大学。

当我进入大学三年级时，有一日大伟忽然在校园里寻到了我，原来，他也是北京某名牌大学的学生了。

"祝贺你！"我说。

"是该祝贺。你知道吗？两年前我一直认为自己完了，没什么出息了，可父母对我抱有很大的希望，我被迫去复读——你知道'被迫'是一种什么滋味吗？在复读班，我的成绩是倒数第五……"

"可你现在……"我迷惑了。

"你接着听我说。有一次那个教英语的张老师让我在课堂上背单词。那会儿我正读一本武侠小说。张老师很生气，说：'大伟，你真是没出息，你不仅糟蹋爹娘的钱还耗费自己的青春。如果你能考上大学，全世界就没有文盲了。'我当时仿佛要炸开了，我噌地跳离座位，跨到讲台上指着老师说：'你不要瞧不起人，我此生必定要上大学。'说着我把那本武侠小说撕得粉碎。你知道，第一次高考我分数差了100多分，可第二年我差17分，今年高考，我竟超了80多分……我真想找到张老师，告诉他我不是孬种……"

3年后，我回到高中的母校，班主任告诉我：教英语的张老师得了骨癌。

我去看他，他兴致很高，其间，我忍不住提起了大伟的事……

张老师突然老泪纵横。过了一会儿，他让老伴取来了一帧旧照片，照片上，一位学生正在巴黎的埃菲尔铁塔下微笑。

张老师说："18年前，他是我教的那个班里最聪明也最不用功的学生。有一次，我在课堂上讲：'像你这样的学生，如果考上大学，我头朝地向下转三圈……'"

"后来呢？"我问。

"后来同大伟一样，"张老师言语哽咽着说，"对有的学生，一般的鼓励是没有用的，关键是要用锋利的刀子去做他们心灵的手术——你相信吗？很多时候，别人的歧视能使我们激发出心底最坚强的力量。"

两个月后，张老师离开了人世。

又过了4年，我出差至京，意外地在大街上遇到大伟，读博士的他正携了女友悠闲地购物。我给大伟讲了张老师的那席话……

在熙熙攘攘的人群中，大伟突然泪流满面。

在那以后的时光里，我一直回味着大伟所遭遇的满含爱意却又非常残酷的"歧视"。我感到，那"歧视"蕴含着一种催人奋进的力量。对大伟和那位埃菲尔铁塔下留影的学生来说，在他们的人生征途中，张老师的"歧视"肯定是最美丽最宝贵的。

那些让你无奈的老师怎么办？

虽然很不想说，但是现实中确实存在着很多不合格的老师，而且这几年虽然教育越来越被重视，但是教师的问题也越来越严重，在新形势和老教育理念的冲突下尤其严重。2013年儿童节，我去了一趟秦皇岛，见了几个学生，在聊天中我发现他们都快变成"小怨妇"了，短短半个小时，几乎都是在诉说对老师的种种不满，比如老师很变态，让我们抄写无数遍，真的很没有用；另外去春游老师在玩，让我们等着她，等她玩结束了才让我们走；还有老师上午留作业中午让我们写，下午一上课就让我们交……还有很多很多。

作业一直以来都是很多同学的痛，小学生的痛在于不断重复做无用功——一抄写就是无数遍，这都是我小时候老师的做法了，现在还在用；而中学以学习为主作业量更是不少。很多同学与其说对作业不爽，倒不如说对留作业的老师不爽，好的老师会擅于利用作业，因材施教，通过适当作业让学生掌握知识点；一般的老师就是靠布置一堆的作业，似乎学生做了作业就可以掌握知识点了，殊不知这样做的效果很差。对于这种情况，我给大家提一些建议，对于作业我不建议大家不做，要认真做，如果重复次数多，我建议做好前两遍，后边则是以"练字"的心态对待就好，不要对作业急躁和不耐烦，平时很少有练字的时间，这时候就享受吧。

对于不合格的老师该怎么办？我觉得可以这么思考，没有一个老师从开始就这样，我想最初他也渴望做一个合格的老师。假如老师对你不公平了，那就努力让自己更有实力，这个社会没有绝对的公平，如果因为老师对你不好就不学这科，只会让他更瞧不起你，你不应该拿自己的未来同老师赌气，越是如此越要努力学习，以更强的实力证明自己，同时也要以包容的心态对待他。

今天的媒体过多地宣传了老师不好的一面，其实我们身边有很多好老师，在兢兢业业地付出着。我们不能总是看老师不好的方面，每个人都有缺点，当我们关注优点时，才能让优点发挥更大作用。不管如何我们要让自己进步，老师有缺点不改正就会被未来淘汰，他需要对自己负责，而你亦需要对你自己负责。我们没有太多能力改变别人，唯有通过改变自己来影响别人。

世界因你而不同

——和谐师生关系的六条建议

作为学生，我想你一定渴望得到老师的赞赏，但全班有六七十人，老师也难免有疏忽，所以对于老师，你应该多一分宽容，少一些苛责；多一些帮助，少一些添乱。每个同学都想得到老师的关注，都想成为聚光灯下的明星，但是，并非每个人都会成为明星，你知道现在社会上有那么多的选秀人物，固然给了平民百姓成名的机会，可是这成名的背后也需要绝对的实力。有时候，你抱怨老师这个不好那个不好，反倒不如提升自己，假如你真的有能力了，是货真价实的"千里马"，老师会不关注你吗？自己是一切的根源！

有句话说得好："世界因你而不同。"你们的关系可能会因为你的改变而发生改变，构建和谐师生关系，我给你六条建议：

不要总是带着怀疑的眼光看待老师。假如你对他抱有成见，你总可以找到让你抱怨和不满意的事实，请你多一分宽容吧，毕竟老师也是人，你都有不顺心、情绪不好的时候，何况老师呢。

学会尊重自己的老师。碰到老师问个好，热情地打声招呼，都会增进与老师的关系，你的尊重是他们工作的动力。

上课的时间你可以表现得更好些。至少可以约束自己的行为不去影响别的同学，不让老师在课堂纪律上操心。

为班级贡献自己的一份力量。只要你不是最后一名就可以帮助不如你的，你至少可以在班级卫生、班级活动中贡献一份力量；你对班级的感情越深，越能找到对班级和老师的感情。

你可以更加积极主动些。有了问题不要憋在心里，你可以主动问老师，多数老师还是希望你能提问的，至少这代表着你学习了，这也是他／她期望的。

自己犯了错可以主动道歉，如果老师对你的批评你觉得不合理，有些难以接受，或者老师误解了你，不要闷在心中，你可以跟老师说你的想法。

对于老师的过失，你可以通过很多方式表达给他。譬如写一个小纸条，譬如下课找老师小谈；你希望别人给你留面子，你也要给老师留些面子，毕竟老师也不是"圣人"，不要讥笑老师，更不要故意给老师难看。

假如有可能，在你们的班会上，建议你和你的同学与老师做一个"头脑风暴"，围绕着下边表格展开。

工具十三：和老师说说心里话

原则：
这是一场没有老师和同学的分享会，不要拘泥于身份限制。没有批评、没有指责，你可以将内心最真实的想法说出来。

讨论内容：
班级中的哪些行为令你高兴；班级中的哪些行为令你不高兴；
老师的哪些做法令你称赞；老师的哪些做法不好；
老师的哪些行为需要改进；你觉得自己与老师间的矛盾是什么；
你觉得自己与老师相处中做了哪些不该做的事儿；你可以做些什么让班级更好；
你可以做些什么让你与老师的关系更好；老师觉得自己做些什么可以与同学关系
更好，更能帮助他们学习。

讨论的成果：
意识到的不足有：
意识到的优点有：
需要改进的地方有：
采取的行动有：

家，如何成为避风的港湾？——亲子关系

为何家会伤人？

【对话和博士】

2002 年 2 月 22 日，我一辈子也不会忘记这一天。那时，我 17 岁，上高一。

那天是周五，我做练习一直到晚上 11 点多，终于把当天的习题做完了。妈妈还要我继续做作业，我不同意，于是她就开始数落起来，说我学习不用功，并且把以前的陈年老账都扯了出来。我被说得不耐烦了，就和她对喷起来。她见我不听话，便动起手来，我也动手了。

要是在以前，我会一走了之。但当天，妈妈正好堵在门口，我没有办法跑出去，就躲进了厨房。妈妈还是不依不饶地跟了过来。打斗中，我一时失去理智，抓起厨房的刀具就乱舞起来。妈妈被砍倒后没几分钟，爸爸回来了。他看到了当时的情景，马上拿起一根棍子来打我。我身上被打了好多下，我认为他肯定不会原谅我的，于是下手就狠了些。

最终，爸爸也倒在了地上，我周围的一切全都静了下来，只听见爸爸喘气的声音。我在地上呆呆地坐了近半个小时，才慢慢回过神来。看着眼前的一切，我有点害怕，但又好像是把十多年的压抑都释放了出来，身上有一种疯狂发泄后的虚脱感。

清醒后，我洗完澡换了衣服，去了一个同学家。那两天过得很漫长，我只是觉得周围非常安静，同学并没有发现什么。周日，我又回到了小区，我上到楼顶，本想从 30 层楼的地方跳下去，但我没法挪动脚步，我才发现人原来那么脆弱。我回到家里，看见父母还躺在那里，我一下子晕了过去。再醒来时，我已经躺在了医院，旁边是叔叔和警察。

医生给我打了一针镇定剂，我才缓过来，于是把一切都招了。当年 5 月，我因故意杀人罪被法院判处无期徒刑。

我想有个家

我想有个家，一个不需要多大的地方，在我受惊吓的时候，我才不会害怕。
…………

潘美辰的《我想有个家》道出了很多人对家的渴望。我们都渴望有个家，可是家是什么，有人说家就是吃饭睡觉的地方，有人说家是可以哭泣的地方……不同的人对家的理解不同。

小时候你最喜欢的事情就是腻在爸爸妈妈身边，那个时候仿佛他们什么都知道，好厉害！可是随着你年龄的增长，你发现，父母与你的分歧越来越大，他们似乎不理解你，你也很难跟他们沟通到一块儿。你想按照自己的想法做事，可是他们偏偏让你按照他们的方式来。

我想很多同学，听父母说过类似这样的话："唉，真是越来越难管了""你怎么这么不听话""我所做的一切都是为你好啊"，似乎长大后你就变得不听话、难以管教了，为什么？为什么你也会觉得你和父母之间的距离变得远了？

随着你的成长，随着你知道的事情越来越多，随着你经历的事情越来越多，你逐渐有了自己的看法，而这个看法又往往和父母的看法有冲突，即使观点是一致的，又总陷入"嘴硬"不肯承认的对抗状态。

我在讲座、咨询时甚至网站上做了很多调查，发现同学们对父母的反感主要集中在下面几点：

父母总是拿你和别人比较

父母说了一遍又一遍总是唠叨

当你的意见与父母的意见不同时，他们总是认为自己的是对的

父母总是对你不满意

父母总是用以前的观念去教育你

父母不理解你的真实想法

父母总逼着你学习

父母不信任你

…………

随着你的成长，你的烦恼越来越多，而和父母的沟通是越来越少；到了高中，你所有的时间都给了学习，而父母有时候又不得不为了生活去辛苦工作，沟通的时间少得可怜，即使有了沟通的时间，彼此也很难张开口，因为你们彼此不知道谈些什么，仿佛两个世界。你发现自己想找一个温暖、舒服的家都很困难了。

你了解自己的父母吗？

你了解自己的父母吗？在你反感父母的同时，你对自己的父母了解多少？我们做个小调查看看你知道多少（见表5-4）。

表5-4 你对父母了解程度的测试
父母的生日是：
父母的结婚纪念日是：
父母的喜好是：
父母最爱做的事情是：
父母最爱吃的饭菜是：
父母最大的心愿是：
父母最大的遗憾是：
父母最好的朋友是：
父母对工作的态度是：
父母现在的工作、生活情况和感受是：
数出的父母的十个优点：
数出的父母的十个缺点：
父母对你的期望、对你的爱的方式是：

表 5-4 你对父母了解程度的测试
父母认为你能为他 / 她做的最令人满意的事情是：
附加一个问题：你心目中理想父母的样子：

当你写出答案后，建议你给父母看看，看你能完成多少问题，看你的了解是否和父母的真实情况一样。

也许，你不记得你父母的生日了，但是，我敢肯定他们一定记得你的生日，我想你生活中的点点滴滴他们都会记得。也许，这些事情你觉得都是小事，可是这些小事却是让你们关系融洽的大事。

你觉得父母烦死了，可是你有没有站在父母的角度去思考这些问题呢？父母拿你和别人比较，这是父母的一种通病，和其他孩子比较，固然有"恨铁不成钢"的意思，但更多的还是希望你能再接再厉，只是他们的表达方式出了错。有一点你可能没有发现，在你讨厌父母拿你和别人比较时，你内心是深深渴望得到他们的爱与认可的。称赞别人会让你觉得自己不如别人，你无法面对自己在你父母心中不如别人的事实，说白了你还是在意父母、爱父母的。

我以前也不喜欢父母在自己耳边唠叨，其实谁喜欢呢？我敢说你的父母也不喜欢，这都是正常现象。可是他们为什么还会唠叨呢？因为关心和爱，正因为关心才不得不叮咛，正因为爱才一遍又一遍地嘱咐。如果损失几千、几万元他们可以接受，可是你出了事却是万万接受不了的。拿我母亲来说，现在 60 多岁了，每次通电话她都会把一件事情重复很多遍，甚至前几天讲过的事情又翻来覆去地讲，我知道这是母亲在惦记我，她说得多，说明她在意，既然能让母亲找到一个倾听的对象我又何乐而不为啊。我改变不了我的母亲了，但是我可以改变自己，为什么不尝试着从自己改变呢？

我曾和一位师弟接触过一段时间，他是英国留学生，当时在北大读研二，修的是物理专业。他会四门语言：母语、法语（大学是在法国读的）、日语（在日本交流学习了一年）和汉语。他告诉我，在英国当你 18 岁成人后，父母实际上就可以不再出钱供养你了，要靠你自己的努力，当然，你需要钱也可以，但是你需要打借条。18 岁时，我们刚刚高中毕业进入大学，有多少人能自给自足？

　　大多数的父母都在犯这样一个错误：当年自己吃了亏，受了苦，不能再让孩子吃亏受苦了；当年自己没有考上大学，不能让孩子再考不上大学了——父母将他们未实现的梦想"转嫁"到你身上了。这是父母可悲又可怜的一面，尤其是现在的知识分子家庭，父母对孩子的要求更高，因为他们懂得太多了，太清楚优秀是什么了，脑子里全是优秀的影子和模子，于是，你成了他们"实验""培养"的对象。

　　父母的爱很深沉，父母也很可怜，你是否愿意了解他们呢？不要拿自己学习任务重、没有时间作为借口，你完全可以抽出来一两个小时跟你的父母沟通。请记住，自己是一切的根源，你可以主动起来的。

爱可以重来——温馨家庭的五大建议

同父母和谐相处，不再为父母的不理解而烦恼也是你渴望的吧？我相信你能做到，更重要的是希望你愿意做到，理解父母并与之和谐相处，我给你五条建议。

不要把想法憋在心中，尝试着和父母分享。也许这些想法不成熟，但是毕竟是你的想法，甚至是你的困惑，尝试着与他们分享你在学校的收获和困惑，一起寻找问题的解决之道。

在你和父母沟通时，建议以这样的方式解决：

先理解父母的方式；

再分享你的想法并寻求父母的理解；

再和父母一起进行头脑风暴，找到解决问题的方法；

最后确定最好的解决方式，并且验证它。

也许，你还不能完全放开去跟父母沟通，但你可以先做这样的事情：把自己内心的想法发泄出来，采取心理咨询中的"空椅子对话"。拿两把椅子，找一个适当的位置，让两个椅子正对，你坐在一个椅子上，想象妈妈或爸爸就坐在对面那把空椅子上。对着空椅子，你可以把平时想说而不敢说的话都说出来。这些话可以是对父母的感谢、关心，也可以是不满，还可以是对父母的建议。

你还可以利用手机录音或者微信、QQ语音留言给父母，移动互联网时代，给了我们更多沟通方式。

尝试着了解父母。你常说他们不了解你，可是你又何尝了解他们，你在上文做了了解父母的表格，尝试着去了解他们的点点滴滴吧，你会对父母有个新的认识。

没有完美的父母，不要苛求父母。他们不是你心目中的完美父母，他们也会犯错误，给他们成长的机会吧。在你的世界里，你也是他们的老师，尝试着做做老师的感觉吧，对他们宽容些。

注意生活中的小事情。一句温暖的话、一个甜美的笑容都会给你父母温馨的感觉。他们也不容易，当他们对你有所帮助时，请主动说声"谢谢"。你也可以主动些，告诉他们"我来帮忙"，不要吝啬你的"我爱你，妈妈""我爱你，爸爸"。

自己是一切的根源。有时候父母会犯错，父母让你烦恼，改变他们的观点不容易，可是你可以改变你的态度，控制你对父母的行为，甚至控制自己的选择。所以,事情不是没法子解决，关键是我们是否愿意改变。自己是一切的根源，与父母相处，最核心的是：先理解父母，再让父母理解你，抱着双赢的态度。

当你和父母产生分歧甚至冲突时，建议你使用"家庭分歧解决表"（见表5-5）来思考问题和解决问题，当你和父母产生矛盾时，你可以遵循以下六步思考问题和解决问题：

第一步：明确是哪里发生了冲突；

第二步：明确双方的矛盾分歧是什么；

第三步：对于冲突问题，可能的解决方法有哪些；

第四步：哪些解决方法是父母不能接受的，哪些解决方法是你不能接受的；

第五步：哪些解决方法是你和父母都能接受的；

第六步：检验解决方法是否有效。

表5-5　家庭分歧解决表

你与父母的分歧点：	
父母的想法：	
你的想法：	
可能的解决方法：	
父母不能接受的方法	你不能接受的方法
双方最后都可以接受的方法：	
出现误解的原因：	

当你陷入困境时，如同在谷底，
只要向上走，哪个方向都是走出去的路

Part

six

青涩的恋情，想躲却躲不开

成长的过程，离不开与异性的相处，多彩的青春也正是有了男生和女生才显得绚烂。男生喜欢得到女生的关注，女生又何尝不希望抓住男生的眼球？但为何爱她／他成了彼此的伤害？男生女生到底该如何相处？青涩的恋情就是上帝的禁区吗？

◇第一章◇

莫名的就是喜欢你——青涩恋情

【对话和博士】

莫名的悸动

● 她是高一的学生，是走读生，每天骑自行车上学时，总能碰到一个男孩，每当遇见那个男孩时，男孩总是对她报以温暖的微笑，起初两人都没什么表示。有一次，回家途中又碰到了那个男孩，这次男孩还是报以微笑，同时，跟她聊起了天，原来他们还是一个学校的。看着可爱又有些帅气的男孩主动同她聊天，她心里很开心。从此以后她上学的路上总是渴望看到那个男孩，有时候没碰到男孩心中就会失落。她很困惑，她是喜欢上这个男孩了吧？最要命的是随着接触的增多，两人熟络起来了，终于有一天男孩向她开口，想让她做他女朋友。她很渴望，可是面对"早恋"她有些害怕……

● 他是高二的学生，可是他遇到了有生以来最大的困惑：他的班主任是一位年轻漂亮又非常有才华的女老师，她不仅课讲得好，还很了解他们，在学校也有很强的组织能力，他们班在各项活动中都是名列前茅，班上的同学都很喜欢她，敬佩她，但他更对老师有一种特殊的感觉，凡是她讲的课，他总是拼命预习准备，踊跃发言，只为吸引她的目光，听到她的表扬。她在作业上的批语，他总是反复翻看，直到倒背如流。甚至他还模仿她的字体，常常独自回忆她的音容笑貌，还寻找一切机会问她问题。他迷惘了，他怀疑自己喜欢上自己的老师了，因为老师在他眼里是世上最完美的女性，为此他陷入苦恼中，老师比自己大十几岁，这种感情一旦被别人发现，别人会怎么看待自己呢？

● 人生总有很多的巧遇。一天他到其他班借学习资料，拿到资料后，不经意间与一位女生的眼光相遇。那是一双向他微笑的眼睛，送来的是善意的微笑，他不禁怦然心动，连忙走开了。后来，又遇到了这位女生，她同样报以微笑，两人就这样互相认识了。但是，他们从来没有说过话，总是心领神会地送上友好的微笑。当他学习累的时候，脑海中总是想起那善意、鼓励的微笑，这时他又觉得自己充满了力量，又有了动力。不仅男孩有这种感觉，女孩也是如此，一次巧合的相遇，却让他们有了一种向上的动力，甚至隐约中感到一丝关爱的甜蜜。于是，他俩总是在暗暗地刻苦努力学习，不知不觉地，两人的成绩都在班级中名列前茅。高考结束后，他给女孩发了个短信："我们一定都会考上理想中的学校！"9月份，他们相约踏上了前往北京的火车，一路又是相随……

青春期你需要知道的事

　　你一定听说过一个词——青春期，在这个时期，很多人称你们不成熟、冲动、重视自我、追求个性……青春期是每个人必然经历的阶段，然而，不同时代的人，其青春期包含了不同的内容。相对来说，由于移动互联网的快速发展，在信息和连接如此容易的今天，新一代的你们进入青春期的时间也提前了很多。今天，环境变了，接触的信息多了，面临的抉择多了，冲突也就多了，这就更加的让你们困惑了。

　　青春期是人的身体发育完成的时期。这一期间，不论男孩或是女孩，在身体内外都会发生许多巨大而奇妙的变化。因此，掌握和了解这一时期身体的变化，对孩子顺利度过青春期来说，无疑是一件十分重要的大事。

　　对于女生来说，青春期是指从月经来潮到生殖器官逐渐发育成熟的时期，一般从 10 岁到 18 岁左右。这个时期，女生全身成长迅速，逐步向成熟过度。随着卵巢发育与性激素分泌的逐步增加，生殖器也会有明显的变化。除此之外，此时女孩的音调变高，乳房丰满而隆起，出现腋毛及阴毛，骨盆横径的发育大于前后径的发育，胸、肩部的皮下脂肪增多，显现出女性特有的体态。

　　对于男生来说，青春期身体也将发生一系列引人注目的生理变化，无论在形态上还是生理上，都有较大的改变。这一时期是男子成长发育的最佳时期，除身高、体重猛增外，主要是第二性征发育，如声音变粗，开始长出胡须和腋毛，生殖器官也逐渐向成熟的方面发展；性格上也变得成熟、自信起来，不再像小孩那样幼稚和无知了。男孩到了青春期，由于性发育成熟，在雄性激素作用下，会有性要求，对女方产生爱慕之情，这完全是青春发育过程中伴随着生理发育所产生的一种心理变化，属正常现象。但如果处理不好，缺乏应有的性知识，不讲究性道德，就容易犯错误。所以有人又把这一时期称为"青春危险期"。

　　在第二性征发育的同时，青少年在心理或生理上都有了改变。一般来说性情显得较为忧虑、暴躁,对看不惯的事较易发脾气,但对异性充满了兴趣,对"性"产生了好奇。这种心理、情绪、行为等方面的变化受文化媒体及社会因素影响较大,称为第三性征。

性意识是这样发展的

进入青春期，在荷尔蒙等的作用下，你会产生一系列生理变化，性意识开始觉醒和发展。性意识的觉醒，是指你开始意识到两性的差别和两性的关系，同时也带来一些特殊的心理体验。

为了能使你更清楚自己对于异性的渴望心理，我希望你能够了解自己性意识发展的三个阶段。

第一阶段：异性疏远期。这一阶段始于童年末期，终于少年中期，大约介于 10 岁～13 岁。女生在童年末期表现得非常强烈与明显，并持续到少年初期；男生稍迟些，在少年初期表现得最为强烈和明显，并持续到少年中期。疏远期主要是生理原因，由于第一性征的变化和第二性征的出现而引起的，最早发生在女生身上。在整个疏远期，女生总比男生更为突出，因为青春发育期的到来，女生明显感到了自己生理上的变化，羞耻感也油然而生。她们会紧束日益隆起的乳房，甚至连走路也故意弯着腰，她们认为男女交往是不可思议的，甚至是耻辱的，所以会故意疏远男生（现在这种情况明显好转，因为信息化到来，男女认知的开放程度也有了很大提升），即使童年时代两小无猜的异性朋友，在这一时期也开始不自然地躲避。

男生在少年初期也会出现这种疏远异性的现象，这也是由于生理因素引起的，譬如，男孩往往害怕别人知道自己长了阴毛，因而小便、洗澡时也遮遮掩掩；他们对女生不屑一顾，全然不感兴趣，只热衷于打篮球、踢足球之类的活动。

一般说来，男女生的这种疏远，要持续一年左右，有时甚至会更长一些。在这一时期，"男女界线"颇为明显，男女同学很少一起活动，即使在学校组织的集体活动中，男女之间也不愿接触。个别男女学生干部之间接触得多一点，就会受到其他同学的攻讦：男生会嘲弄、起哄，女生会窃笑、讥讽，这样就会使男女同学更惧怕接近。尽管他们在内心深处都已产生了接近和向往异性的愿望萌芽,但在外表上以疏远甚至反感的形式表现出自己与异性已"划清界限""敬而远之"。这种情况往往容易造成男孩女孩之间的不团结,影响他们的正常交往。

在青春期开始时,少男少女对性的差别特别敏感。第二性征的出现,在他们内心深处产生了春情萌动的朦胧感觉,把异性的秘密和男女之间的关系也看得很神秘。这就使得他们在与异性的接触或交往中,往往会产生一种羞涩、忸怩或不自然的感觉,并在传统思想的影响下,深虑与异性的接触会引起别人的耻笑或议论,因而出现了"心有相互吸引之力,而行又互相疏远"的现象。如走路不同行,学习不同桌,开会各一边,活动各结伴等。

第二阶段∶爱慕期。这一时期始于少年初、中期,终于青年初期,大约介于 13 岁 ~ 17 岁,是青少年异性意识表现和发展的一个重要阶段,主要是由于青春发育期高峰的到来而引起的,其主要表现形式有两种:一是情感吸引,二是渴求接触。就其一般性而言,有如下四个特点:

第一个特点是,喜欢表现自己。在这一时期,无论男生还是女生,都喜欢在异性面前表现自己,以期引起对方的注意,博得对方的好感。男孩常常有意在异性面前展示自己的风度、才华、能力;女孩会着意打扮自己,她们总觉得异性注视着自己,言谈举止显得紧张、腼腆。

第二个特点是,感情交流肤浅。两性间接触时感情交流比较隐晦含蓄,常以试探的形式进行。如女生常以眉目传情,或借口要求男生帮助以观察对方对自己感情流露的反应;男生则借口与女生说话,或通过主动帮助女生做事以获得对方感情反馈的信息。这种"犹抱琵琶半遮面"的做法,很少能达到感情上的真正交流。

第三个特点是,交往对象广泛。一般说来,周围的同龄异性,只要有某种契机拨动了自己感情的琴弦,就有可能成为亲近的对象。简言之,就是爱慕的对象不是确定的、单一的。

第四个特点是,向往年长异性。在爱慕期,青少年有时也会出现喜爱、向往、崇拜年长异性的现象。例如,他们有时会由于激情勃发而给自己思慕的演员、作家、运动员等写信和寄赠礼物,并翘首盼望他们回信和与之交往;有时对异性教师也会产生超过尊敬范围的感情,以至于异性教师在接触中也感到非常不自然。

从以上分析可以看出,这一时期异性的吸引并不等于恋爱,爱慕也并非是早恋，这是一种普通的两性关系，区分这两种状态是非常重要的。有的成年人却不能正确看待，甚至有时孩子自己也分不清是不是早恋，误把异性的好感当作是对自己的倾心，从而造成精神苦恼。家长既不能把发生在爱慕期的异性吸引不加区别地当作"早恋"，人为地抑制和反对，又要注意他们毕竟临近恋爱期，必须引导他们正确地区分爱慕与恋爱，否则，会使孩子产生逆反心理，诱发他们追求异性的神秘感和狂热性，产生恋爱意识，进入恋爱角色，卷入恋爱旋涡。

第三阶段：恋爱期。这一时期一般始于青年初期的中、后阶段，大约介于17岁～20岁，是青春发育期异性意识发展相对成熟的阶段。恋爱期异性交往有以下四个特点：

第一个特点是，交往对象的特定性。在恋爱期，男女生已开始按照各自心目中的偶像寻找"意中人"。他们追求特定的异性，并喜欢与之单独在一起活动，出现了不喜欢参加集体活动而带有"离群"色彩的心理倾向，这一特点在男性身上表现得最为明显。

第二个特点是，相互爱情的浪漫性。这一时期的男女生往往把恋爱看成为一种神秘的、奇妙的、难以理解的力量。对恋爱的浪漫态度，典型的表现是"一见钟情"，认为恋爱是婚姻的唯一标准，真正的爱是永恒的，一生只有一次，等等。这种浪漫的爱情与关系基本稳定、坚固、和谐和以注重现实为特点的爱情是不同的。

第三个特点是，感情交流的深刻性。与爱慕期两性感情交流比较隐晦含蓄和以试探的方式进行不同，在这一时期，两性间的感情交流较为直率、系统，并常以幽会的方式进行。正因为这样，目前在中学生中，有过恋爱史的学生已占相当大的比例。

第四个特点是，对爱恋对象的占有性。这一时期的男女生会产生对爱恋对象的占有欲，并出现毫不掩饰的嫉妒心理：对爱恋对象与同龄异性接触不满，甚至疑神疑鬼；对自己的同性同学或朋友与爱恋对象的接触既尴尬万分，又十分愤恨。这种占有欲主要是精神性的，但有时也表现为肉体性的。

这并不是早恋

对于早恋，你了解吗？假如你没思考过这个问题，你不妨停下来，思考一下。

工具十四："早恋"思考表
你了解什么是"早恋"吗？
你身边同学谈对象的多吗？
你有喜欢的女孩吗？
你谈对象了吗？
你谈对象的原因：
你觉得早恋好吗？
早恋的好处：
早恋的坏处：

　　早恋是人生一个特殊时期所表现出来的一项特有的心理活动，在心理学上被称为异性效应。处于青春期，正是花一样的年龄，两性间的自然吸引所产生的爱慕之情是自然而美好的，这是一种正常现象。

　　随着人们思想的进一步开放，"早恋"风靡校园，中学生"拍拖"已成为一种时尚。对于"早恋"，我更愿意称它为"青春期的情感"，原本这只是一个正常的生理、心理现象，可是由于老师、家长及社会上的成年人过分的关注，而带来了各种各样的结果。甚至，原本正常的男女异性间的友情也被"妖魔化"成了"恋情"。

　　看过上文的一些介绍，你或许了解到一些情况，处于青春期，喜欢异性是生理和心理的正常现象，正如歌德所说："哪个青年男子不善钟情，哪个妙龄少女不善怀春，这是人性中的至真至纯。"但很多同学并非很理智，并非很了解自己的情感，误把正常的异性关系当作了所谓的"爱情"。在此我也给大家分析一下，为什么会有"早恋"的举动，让你更清楚自己的情感。

　　首先，生理上的成熟是"恋爱"的主要内因。当你进入青春期后，随着性生理的变化，性心理也必然发生复杂的变化。现代男女均在 13 岁左右趋向性成熟，到 16 至 17 岁达到性成熟的最高峰。中学阶段正是十三四岁到十七八岁的时候，中学生的性生理的萌发与逐渐成熟，引起了性心理的变化，也给不少同学带来了苦恼。进入青春初期的中学生，随着活动领域的扩大和知识的增多，认知兴趣和求知欲的增强，在性成熟的生理作用下，一方面对性具有强烈的好奇心，产生了许多疑问，从内心深处感到异性吸引的存在，试图接近异性，探索异性的奥秘。另一方面也产生了青春期的新奇感，甚至产生了生理冲动与体验欲望，他们开始注意异性、亲近异性，容易产生爱慕和追求的情感，出现了一系列的思想问题。然而，由于此时的生理、心理尚未完全发育成熟，特别是世界观、人生观、价值观还处于形成阶段，思想还不够成熟。因而，不能很好地调节控制自己的心理需要，缺乏健康的异性交往心理，可能把异性吸引误认为是爱情，过早地把那种爱慕之心发展为恋爱，产生恋情。

　　其次，信息和社交网络的影响，尤其是网络小说、大众传媒的渲染是恋爱的推动力。大众传媒对中学生的恋爱给予了过多渲染，描写中学生恋爱的文学作品、影视节目纷纷出台，使青少年觉得中学生的恋爱成为学校中的主流，其结果反而对学生的恋爱起到一种推波助澜的作用。此外，不良书籍杂志、低级趣味的黄色电影、录像等也对青少年的恋爱有直接影响。各种传播媒介中，性刺激量大大增加，给成人看的影视作品中充斥着大量的情爱信息，而青少年正是好奇心正盛的时候，还没有能力去驾驭自己的内心情感，很容易受到这些的影响。

　　再次，家庭、学校的不正确态度是恋爱的催化剂。首先是家庭教育，有些父母整天为生计而劳碌奔波，没有多少时间去关心孩子看些什么听些什么，也没有多少时间顾得上与孩子交流思想感情，给予积极引导。很多家长往往对这个问题采取严厉禁止的态度，不允许孩子有正常的异性交往，封锁一切有关性知识和爱情描写的书刊，导致一些孩子产生逆反心理。其次是学校、老师对恋爱问题采取回避态度，绝对禁止男女学生的个别交往，一旦发现任何恋爱的蛛丝马迹，便不分青红皂白地定性为"恋爱"，甚至公开处罚，常常会严重挫伤学生的自尊心。

最后，是中学生自己的错误"恋爱"行为。正如我一直传达给大家的思想——"自己是一切的根源"，前三个原因，我是从客观角度去描述的，最后一个原因则是来你自己对"恋爱"行为的反应，让我们一起看看很多同学的"恋爱行为"吧。

从众型恋爱行为。有一句顺口溜很有意思：小学生一队一队，初中生一堆一堆，高中生一对一对。只要班里有一对同学谈"恋爱"，很快就有第二对，甚至有的同学说："我们班里的同学很多都在谈恋爱，如果我不谈或者找不上对象那就说明我没有魅力，能力不够。没办法，我只好也找一个做做样子。"攀比心理作祟，炫耀心理作祟！"别人能找到对象，我也能行。"这就是中学生在从众心理影响下对待谈恋爱的态度。以前谈对象像个"地下工作者"偷偷摸摸的，很担心别人知道，根本不敢让老师和同学知道，现在却公开谈论、公开出双入对，有的同学甚至请求第三者帮助向对方表示好感，要求进行交往。

逆反型恋爱行为。有些同学的"恋爱"，是被某些老师、家长或其他同学硬逼出来的。常有一些老师和家长见异性学生在一起或有来往，便不问青红皂白，将"早恋"的帽子扣在两人的头上。而实际上，他们并非真的在谈恋爱，但他们受不了老师和家长的训斥，受不了同学们的讥笑，结果这两个"同是天涯沦落人"的"患难者"有了共同的语言，彼此分享他们的痛苦，最后两个人反而"团结"起来了，形成真的"恋爱"关系。

寄托型恋爱行为。现在的家庭独生子女占多数，加上父母工作忙碌，没有时间跟孩子沟通，或者父母比较专制、父母离异。这样的孩子得不到理解和关心，心灵上有一定创伤，于是便在外边寻找自己的知音，寻找精神的寄托，由于"同病"使这样的学生自然地"相怜"了起来，进而彼此间由同情向"恋爱"转化。

模仿型恋爱行为。追逐影、视、歌明星，关注他们的绯闻和感情，进而模仿他们的感情做法；受言情小说的影响，自己也想"纯情"一番；模仿成人行为，求浪漫、玩潇洒；将影视小说中的香艳镜头作为模仿的"楷模"，特别是一些暴力、凶杀、淫秽的成分。

虚荣心型恋爱行为。认为男朋友或女朋友是身份地位的象征，觉得身边围绕的异性多，就代表自己的魅力大，甚至以换男（女）朋友的快慢作为相互攀比的资本。

　　体验式恋爱行为。"爱一个人，不求天长地久，但求曾经拥有。"社会上的高离婚率，让人对感情的神圣感减低了，无论是成年人还是中学生都觉得"天长地久"太遥远了，这种感情的不稳定性，更加剧了中学生暂时快乐暂时幸福的想法，于是很多中学生抱着"体验一把，即使将来分手也无所谓"的心态在体验"恋爱"。

你要明白的"情"和"事"

有位高中生对于"早恋"有这样的看法："每个时期都应有每个时期的事情，倘若提前做了后一个时期的事情，你便失去了前一个时期。"我很赞同他的看法，每个时期都有每个时期的事情，有些"情"有些"事"你需要清楚。

情窦初开，喜欢一个人那是你成长的表现，你有这种心理证明你还是一个"正常的人"，这些想法都是正常的。但是，喜欢不一定就是"爱情"，有好感不意味着要谈恋爱，莫把男女之间的朋友关系、知己关系当作"爱情关系"。在前边的分析中你可以看到很多同学为什么会有早恋心理，为什么会有早恋现象，你需要分辨清楚自己的感情。我想有时候你也很无奈，因为开始并非是为了所谓的"爱情"，仅仅是友情甚至知己之情，结果被别人误解，可是你要考虑你是否有哪些地方让人误解了，思考自己交往的行为，是否有不当的地方。

人不是理智的动物，会有各种冲动，但是，人又比别的动物高级，那就是可以慢慢学会控制自己，让自己趋于理智。青春期是情绪化最激昂的阶段，也是你的情感最动荡的阶段，我也从那个阶段经历过，和现在的同学比起来，我还真是 out 了。初中阶段，我单纯的观念里也有朦胧的影子，当时班里有两个很可爱的女孩，就坐在我的身后，当时，我比较调皮，有时候上课还说话，她们俩做的最多的事情就是提醒我老师来了，要注意了。当时，我很喜欢去教室，因为有两个可爱的女生在身后，那个时候很是单纯，从来没有想过这就是喜欢。虽然喜欢看见她们，却从来不敢牵手，更没想过时刻让她们跟在我身边，因为她们也有自己的学习和生活，影响了她们，她们还会和我保持这样的一种朦胧而又雀跃的感觉吗？初中毕业后，我很少见她们了，这段情感也就深埋在我记忆中了，我也很自豪自己当时没有做出过分的举动。彼此保持距离地看着对方，彼此互相帮助也是很快乐的，因为缘分这东西很奇妙，谁知道命中注定的人在哪里。

高中阶段，我单纯的感情中又出现了另一个女孩的影子。当时，学校里有谈朋友的，但是，年少轻狂的我却是不知情为何物，总之，始终没有迈出这一步，然而，那份懵懂的情愫一直让我暗自努力，只为了在将来的大学能够更好地相遇。我始终觉得：喜欢一个人，不是让她困扰，让她围着自己转，也不是让自己不可救药地围着她转，我相信只有彼此帮助互相进步才会让我们在未来有更多的机会。

在校园、公园、马路甚至公交车上，有很多交往中的同学，抱在一起"啃来啃去"，甚至还"上下其手"，最离谱的是我看到很多中学生在小朋友面前如此做。这让我觉得很尴尬，甚至感到羞耻，表达爱意没有错，但是也要注意场合。

喜欢也可以成为动力

处于青春期的我们会有自己的爱慕和情感，然而爱慕和情感也会给我们带来巨大的困扰，甚至成为阻力，在这里我想告诉大家的是，如果真的喜欢了，那就让喜欢成为一种动力，青春是最美好的阶段，处于青春期的同学们应该具备自己的力量，为了你能具备这个力量我给你十条魔法。

魔法一：你需要认识青春期生理和心理变化，只有了解了成长过程中出现的变化才可以平静而合理地应对。

魔法二：有虚荣心是正常的，但是感情不是炫耀的资本，假如拿另一个人的感情来成就自己的快乐，是最要不得的。

魔法三：人或多或少都有从众心理，但是，请你审视自己的感情，没必要跟着流行"恋爱"，有时候你需要的是友情和亲情，却不是爱情。

魔法四：以对抗来应对老师和父母，受伤的是三方，尤其是处于这个阶段的你们，对抗来源于不理解或者误会，坐下来沟通，比站起来反抗要安全得多。

魔法五：假如你们是真心喜欢对方甚至是"爱"对方，那请珍惜这样的感情吧，你真的很幸运，但幸运也会变成不幸，你需要做几件事，在确定真的喜欢对方爱对方前，请认真思考下面一些问题（见表6-1）：

表 6-1 "恋情"思考表
1.你觉得他／她什么地方吸引你？
2.什么让你觉得你是爱他／她的？
3.假如你爱他／她，你怎么保证能让他／她幸福，你拿什么让他／她幸福？

表 6-1 "恋情" 思考表
4. 你觉得做哪些事情会给他／她带来困扰？
5. 你考虑过你们的未来吗，你能为你们的未来做什么？
6. 双方的父母知道你们的交往吗，你觉得如何才能让父母接受？
7. 恋爱影响你们的成绩吗，如何才能更好地提高你们双方的成绩？
8. 你会要求他／她和你发生性关系吗？你对此有什么看法？
9. 请做一份你们未来的计划书吧。

魔法六：假如你们双方真的喜欢彼此，请不要在学校、公共场合做出一些出格的举动，我知道这个时候的你们是火热、奔放的，但是，也请注意场合，更要注意的是自己的学生身份。

魔法七：无论你们的感情有多深厚，在没有成人之前，我都建议你不要做出出格的事情，性是你们难以承受的痛。

魔法八：不要忽视了同学、朋友的友情，莫让高中的生活成了"二人世界"，没有不闹矛盾的，闹了矛盾需要有朋友的缓和，我更希望你在中学阶段有更多的好朋友、更牢固的友情。

魔法九：假如你是爱对方的，你如何保证你们的未来，如何做才能让你们有更好的未来？没有经济基础的爱情是空中楼阁，你要做什么才可以让你们有未来的基础？

魔法十：自己是一切的根源，这是最重要的。也许老师、父母对你不公平，也许社会上有种种诱惑，请你尽量地控制自己，我知道这很困难，让你一个人面对总是很痛苦，但是，你可以尝试着和父母修复这份关系，让他们理解你，毕竟你们是至亲；当然，你也会有好朋友的，跟他们倾诉也是一种方法，或者，你可以跟我联系，至少我是一个很好的倾听者，也许可以给你一些很好的建议。

第二章

爱你还是伤害你？——爱的困惑

【对话和博士】

爱你为何却伤了你？

她是怀着孕完成高考的

2004 年网易社会新闻有则报道：在妇产科走廊内，记者发现一名男孩正在劝说一名哭泣的女孩。当记者走近他们，说明采访意图的时候，二人慌张地用手挡住脸庞，说了声"你别采访我们"，便一起跑出了医院。

记者等待了两个小时，终于找到一名愿意接受采访，但要求身份保密的 19 岁女孩。这名女孩先是表示"我已经被一所艺术院校录取了"，随后神色黯然地说："我的男友却落榜了，现在准备复读。"如果不是出现在妇产科病房，记者很难想象这样一个快乐女孩竟然有着未婚先孕的遭遇。在采访过程中，女孩一再向记者强调她与男友是如何相爱。当记者表示"你对未婚先孕的行为是否后悔"时，她不再言语，思考良久后轻轻地点点头。

白医生随后告诉记者："根据这名女孩的妊娠周期，我们断定她是在怀孕期间参加高考的。"医院每天都会接诊类似未婚先孕的女学生前来做"人流"。

当"爱"成了伤害

喜欢一个人是莫名其妙的事，你不知道何时何地就遇到了那个人，莫名的就是喜欢上了，这是你无法阻止的。人是情绪化的动物，越是用理智去克制这种喜欢，越是感到难受，你会发现自己满脑子都是他／她，挥之不去。现在的社会给了你太多的信息，你心中是否有了完美的他／她的影子？父母的感情，崇拜偶像的感情，最熟悉朋友的感情，甚至你看过的浪漫小说、电影，都对你心目中的那个他／她有影响。当你遇到了类似于你心目中设想的他／她时，你极有可能沦陷。

我听过很多同学说："我就是喜欢他／她，我无时无刻不想和他／她在一起！离开了他／她我会痛不欲生，觉得人生没有意思了。"真的吗？你无法控制的不是你心中的"爱"，而是过分的依赖感！这是一种寄生心理，其实，离开了他／她你真的就无法生存了吗？你可能没有仔细审视过自己的内心，你想要的不是爱，而是需要。

我遇到过这样的女孩，她交过好几个男朋友，和每个男朋友交往时，都觉得自己很喜欢他，无时无刻不想见到他，每次分手又都是哭得天昏地暗的，仿佛要死掉一样。可是，没过多久，她又欢天喜地起来，说她又遇到新的白马王子了，她太喜欢他了，于是就和他在一起了。变化之快如同京剧变脸，其实，她需要的根本不是爱情，而是有人依赖的满足感。

对于感情，很多同学弄不清感情背后的东西，是无法控制自己的情感还是无法割舍那份依赖，无论如何这些东西不是你口中所说的"爱情"。很多同学把获得女孩的心当作目标，殊不知越是这样越不容易成功，要想获得别人真正的爱，至少你要成为别人值得爱的人。请看下面的例子，这是一个学生跟我倾诉的。

我上高二了，我很矛盾。原来我在班上属于前三名，后来我喜欢上了班里一个男生，我很喜欢跟他在一起，他也很喜欢跟我在一起，他经常要求我陪他散步。我们无法克制地喜欢彼此，只想两个人无忧无虑地待在一块儿。我不喜欢别的女生跟他说话，也不喜欢他主动跟某个女同学好。每当上课学习时，总是想知道他在做什么，我没法子集中注意力学习，学习成绩一落千丈，我知道这是不对的，可是跟他在一块儿真的很快乐很幸福。每当他要我陪他时，我又不会拒绝，就这样关注他喜欢他，可是成绩却越来越差，为什么幸福和现实相差很多？我该怎么办？

有些同学很自私，总从自己的角度出发，比如，下课要求对方陪其走走，放学要跟其到小树林聊聊天，想抱着对方，希望对方能跟自己在一起。总之，对方如果不出现在跟前，就有些不爽，满脑子尽是对方要满足自己才可以。有些女孩，或许是由于家庭的经历，看过小说的情节描写，满脑子都是"自我牺牲"的想法，觉得爱一个人就是可以为他奉献自己的所有，结果时间都被浪费了，学习成绩下降不说，还把整个家庭弄得满是创伤，最惨的是献出了自己宝贵的身体，到了最后却又是分手。我觉得这样的女孩有些傻有些可怜，这样的牺牲根本就不是爱，或者说你想用这些做法去证明你很爱他吗？难道只有这么做才能让你觉得自己是爱他的？

在中学阶段谈恋爱，最后成功牵手步入婚姻殿堂的很少，基本上高中毕业便分手了，抑或到了大学又发现对方并非自己喜欢的类型分手了。更多的同学则是因为这"该死的爱"弄得两人学习成绩下降都没考上大学，或者读了很一般的学校，感情的打击严重影响了今后的学习，影响了未来的发展，甚至到了影响未来命运的地步。我之所以说得这么沉重，是我遇见过太多这样的例子，原本学习名列前茅的男生女生，结果以落榜或者进入三流本科"杯具"收场；到了大学又受环境的影响，感情也一波三折，最后也多以分手收场，未来的就业也是痛苦。

谈到"恋爱"，更多的是离不开"性"，在很多同学眼中，性是神秘又让人向往的。当老师、父母没有给你讲过这些知识时，你的好奇心驱使着你通过其他手段去了解，于是，有些同学，更多的是男生，去看黄色书籍、录像，浏览色情网站，而看的结果反而是越发的迷恋和向往，结果有人开始越界偷吃禁果。

现在的很多中学生居然把"恋爱"和身体接触、"性"联系到了一块儿，你可以做个小调查，看看身边的同学、朋友，他们谈恋爱时对于接吻、抚摸甚至性行为是什么想法。

那个怀着身孕参加高考的女孩，没有成熟的身体却因为偷吃禁果而孕育了生命，然而对于生命缺乏必要的尊重，残酷地打掉孩子，最终给自己留下了各种后遗症，一时贪欢饮恨终生！很多人说女性都有母爱的光辉，可是现在的她们还不具备成为母亲的能力，对于人工流产、打胎，有的只是恐慌，唯恐被人发现，完全没有意识到这对身体的伤害。她们很少知道人流手术本身就是对身体的一种伤害，更不知道人流术后可能会引起炎症，会导致输卵管堵塞，最后甚至不孕。医生告诉我们，由于年轻女孩身体发育还不成熟，过早的性生活、流产，宫颈癌的发生率要比常人高四五倍。

当爱变成了一种沉甸甸的负担，当爱变成了一种伤害，你还愿意爱吗？说实话，你们是否知道什么是爱，难道仅仅是为了排解学习、生活、家庭带来的压力和孤独吗？

我比较喜欢给"爱"这样的定义：促进自我和他人心智成熟，具有一种自我完善的意愿。真正的爱，是爱自己，也爱他人。

网络背后伤人的“爱”

　　曾几何时，网络成了很多同学谈情说爱的工具，于是一场轰轰烈烈前无古人的“网络恋爱”便产生了。有首歌写得很形象，被无数网络的痴男怨女传唱："网上一个你，网上一个我，网上你的温柔我就犯了错。网上的情缘，也卿卿我我，爱一场恨一场谁能躲得过？"

　　虚拟的网络世界，给了你不一样的感觉，也许现实生活中你是一个“青蛙”，但是到了网络中你可以成为“王子”；也许现实生活中你不敢说话、畏畏缩缩，但是到了网络中你可以变成另外一个人。于是，你惊喜地发现，这个虚拟的网络世界，几乎是没有任何限制的，它可以让你充分展现自我，它可以让你尽情宣泄，它可以让你忘乎所以，它可以让你为所欲为。它是安全的！它可以让你说平时不敢说的话，它可以让你做平时不敢做的事，它可以让你扮演平时不敢扮演的角色！它是自由的！就好像束缚了很久，突然解开了绳索；就好像压抑了很久，突然释放了心灵！

　　网络给了你一个平台，虚拟世界让你找到了一份寄托，网络中的恋爱给了你前所未有的冲击！网络聊天中，同学们大多给自己起了个浪漫时髦且颇具诱惑力的名字，如“辣妹”“小可爱”“爱你一万年”“PLMM”（漂亮妹妹）等。一些同学更是在网上互称“LG”（老公）、“LP”（老婆），柔情蜜意的肉麻语言让成年人都感到难堪。

　　看看网恋的可怕症状吧：

　　“一旦网恋，时间是永远不够的；一旦网恋，精神是永远恍惚的；一旦网恋，肚子是永远空空的；一旦网恋，现实忽然变得遥远。”

　　“网恋的人，会生一种病，叫相思烦躁紧张症，每天一到那个被约定的时间却始终见不到人的时候，他们就会得那种病。他们会非常失落，烦躁得甚至觉得没有他／她的一切都是苍白的，索然无味的。想他／她，深深地，刻骨铭心地想。"

更可怕的是当你在网络上陷入"热恋"后，还疯狂地将这份"恋情"搬到现实生活中，于是有了轰轰烈烈千里见网友的事情。当网恋走入现实，最让人讨厌的事情有：

见光死：在网络上以为对方风度翩翩或者是如花似玉，见面了才发现对方獐头鼠脑或是像只恐龙。

拐骗：发现对方对什么感兴趣，马上投其所好刻意伪装，温情脉脉信誓旦旦把别人骗到身边来。

一夜情：以为很有意思，结果没有意思，仅仅贪图的是"免费"的肉体刺激。

有人这么描述这些"精心设计"的网恋——"我和你的相遇，与其说是缘分，不如说是蓄意；我的话与其说是缠绵，不如说是耍痞。这就是网络恋情！"

你可以从网上搜到 N 多网恋的"杯具"，幸福的事总是少的，当网恋成了一种伤痛，你该何去何从？

"空虚"不是借口，"潮流"不是理由

——性的误区

在现代社会，关于性，已经不是多么害羞难以启齿的事情了。当你进入青春期，你就需要了解这些知识了，尤其是关于自己生理和心理的知识，这其中尤其重要的便是"性"的知识，这本书并非大而全的百科全书，你可以借阅这方面的书籍看看，在这里我只向你介绍几个关于性的误区：

误区一：成为男女朋友就要发生性关系。

你可能看到很多新闻上说某些中学生谈恋爱偷吃禁果，并且这个数量越来越多；你可能看过一些影视、小说中对于爱情的描述，你发现了男女谈恋爱总是会伴随着性的关系。可是，你觉得你发现的是正确的吗？我知道一个很好玩儿的事情——狗咬人不是新闻，人咬狗才是新闻。报纸上曝光最多的是那些不正常现象。其实，偷吃禁果的男女生数量并非很多，还有很多同学对于性有自己的看法，有自己的底线，他们都在很好地坚守自己的底线。

假如有人拿你们已经是男女朋友了可以突破最后的底线发生关系来诱惑你或者逼迫你时，你要慎重，因为这份感情已经在亮红灯了，他 / 她在意的或许并非是你们的感情，因为他 / 她并没有为你考虑。

误区二：性冲动是人的本能反应，是生理需要，很强烈，这很难控制。

有很多同学告诉我，恋爱期的人很容易拥抱、接吻，一旦拥抱接吻就没法子克制自己，总想做更多的事情，一切发生得那么自然，真的难以控制。甚至，有同学告诉我，人也是动物，也有动物的本能，所有的反应都是正常的，有些情况就是自然而然地发生，那是人的本能反应，尤其是，这是青春期生理的需要。对于这样的言论，我感到很荒谬，你要知道我们可不是什么发情的猫狗。

我想 99.9% 的有责任感的成年人都不赞同中学生发生性行为，从我接触的学生也可以了解到，很多同学尤其是男同学从网上、书籍、影视录像中获取了性行为甚至色情的信息，那些画面、信息通常会印在你的脑海，当你和她在一起时，会时不时地刺激自己的大脑，让你的身体做出各种爱抚的举动，是那些信息刺激了你，是你刻意地往那个方向想象，越是受到刺激身体越会做出更激烈的举动。

其实，冲动并非全部，你完全有能力克制，毕竟你是人，具有理性的一面，你也完全可以控制你脑中的各种信息。说实话，性是可以等待的，我遇到过很多这样的同学，他们对感情很神圣，两个人在一起没有接过吻，更没有什么爱抚的举动，心中连想都没想过，因为他们觉得那是一种亵渎，有的则是关怀的拥抱，有的是关心、支持和鼓励。

误区三：性行为只要做好安全准备就没什么大不了的。

My God！你一定听说过这句话："常在河边走，怎能不湿鞋。"没有什么绝对的安全，不要相信那些胡说之言，能提出性要求的家伙，你能相信他的理智？

有些人认为采取了正确的避孕措施就是安全的，在中学生的性行为中，把没有怀孕当作底线，这是很可怕的事情。也许，你没有怀孕可是你不能避免各种各样的性病，这些性病种类之多你完全想象不到——据调查，20 世纪 50 年代普遍流行的性病只有 2 种，现在居然达到 50 种以上，听听那些可怕的名称吧：淋病、梅毒、湿疹、软下疳、花柳病淋巴肉芽肿、盆腔炎症性疾病、人类乳头状病毒、生殖器疱疹，它们通过皮肤、唾液、生殖器或者生殖器皮肤传播。提前的性行为，将大大增加你得性病的几率，甚至会引发宫颈癌、生殖器湿疣、不孕不育症以及会传给胎儿和新生儿的疾病。更何况很多中学生对个人卫生并不怎么看重，最严重的问题是，年纪越小，身体就越容易感染某种疾病，因为青少年的抵抗能力要比成年人弱得多。

你愿意为所谓的安全买单吗？看到对话中那些可怜的女孩，你有什么想法？

误区四：既然已经发生第一次了，那以后还有什么大不了的。

做一次是做，做多次也是做，既然已经做了第一次，还会在意以后的行为吗？有不少同学有这样的想法，既然已经发生了一次，对于后来的事情就不在意了，甚至自己也沦陷进去了。

人很矛盾，可以为了一个底线坚守数年，可是一旦这个底线松动一次，那底线就彻底崩溃了。当第一次发生时，第二次、第三次……你不知道的次数都会发生。

当你犯了一次错，就莫让错误再犯了，谁说已经犯了错就不可以再改变的。其实，有很多同学不仅仅是在性行为方面，在其他的方面也是如此，一旦出了一次错就开始否定自己，结果这错就越来越大。

爱的另一面也是爱

爱一个人，绝不是让他/她困扰，让他/她受到伤害，可是很多人却背道而驰，为此我给大家六条建议。

第一条建议：努力控制自己的冲动，提升自律能力。 爱情和性都是可以延迟和等待的，你需要学会推迟满足感，需要学会承担责任。

推迟满足感，不贪图眼前暂时的享乐，重新安排做事的顺序，先直面问题感受痛苦，再去解决问题感受更大的快乐，也即"先吃苦，后享乐"。譬如，在幼儿园里，有的游戏需要孩子们轮流参与，如果一个5岁的男孩多些耐心，暂且让同伴先玩游戏，而自己等到最后，就可以享受到更多的乐趣，他可以在无人催促的情况下，玩到尽兴方休。在成长过程中出现的一个个问题，我建议你先正视它们；忽视问题的存在，则反映了你不愿意推迟满足感的心理。直面问题会使人感到痛苦，可是忽略问题，问题并不会消失，若不解决，就会永远存在，甚至变成越来越大的问题，这也是为什么你感到某些科目太难学的原因。

学会承担责任。当你选择了恋爱，选择了两个人交往，就意味着你要负起你的责任，因为爱既是让你爱自己，又要你爱别人，你有责任让对方没有困扰，让对方幸福。现在的问题是，选择了恋爱却成了两个人的困扰，更痛苦的是偷吃禁果带来的痛苦。所以，请勇敢地说出——"这是我的问题，还是由我来解决！"很多同学对于爱所带来的问题选择了逃避，他们宁愿这样自我安慰："出现这个问题，并不是我的原因，她/他也有责任，都是意外，都是父母和老师不理解我们，这绝不是我的责任！"不要放弃自己的责任，鼓起勇气去帮助她/他，一起解决问题吧。

第二条建议：你可以选择你的行为。 你可以决定看什么和听什么（不看描述人们发生性关系的电视、电影、小说，不听那些鼓励发生关系的话，不听那些放纵自己的同学的话），远离有诱惑的环境（不去网吧、不去迪厅），多与同学接触，互相帮助互相进步，培养宝贵的友情。

第三条建议：把自己的时间安排得更充实些。你不是没有事情做，相反你有很多事情要处理，青春期的你本就喜欢"瞎想"，不要给自己过多"闲暇"的时间，把时间用在学习和班级共同进步上。

第四条建议：假如你正处于恋爱中，希望你能坚守自己的底线，不要逾越了最后一步，做一个她/他可以信赖的人。其实，你应该庆幸，你找到了分享你的快乐和痛苦的知己，你也需要分担她/他的，两个人一起共同处理好学习问题，共同处理好班级友情问题，共同进步。

第五条建议：假如你对性知识有强烈的好奇，想知道性教育的知识，请不要去看色情影视和小说，你可以购买这方面的专业书籍。这件事我希望你可以跟父母谈谈，他们也并非"顽固不化"的人，听听他们对爱和性的认识。

第六条建议：对于恋爱请多一些自省，你可以思考下边表格中的问题：

工具十五：恋爱自省表
1.你期望从恋爱中获得什么？
2.你是否以女朋友或男朋友为生活中心，你的学习、朋友和家人变形了吗？
3.你想和她/他建立什么样的关系？（双赢、她赢我输、她输我赢、双输）
4.如何建立这样的关系？
5.恋爱时遇到的问题有哪些，最严重的是？
6.你觉得她/他对于这些问题的困扰是？
7.你觉得自己的困扰是？
8.你觉得她/他会采取的解决方法是？
9.你会选择什么样的解决方法？
10.你觉得做什么会消除她/他的困扰？
11.你能给她/他什么承诺吗？
12.你觉得你们的未来会是什么样的？
13.你觉得现在你们最应该做什么？
14.你和她/他会怎么做最应该做的事情，打算采取哪些行动！

希望你能记住，爱的另一面也是爱，莫让喜欢成为一种伤害，爱她／他是给她／他幸福，在中学最大的幸福是好好学习，拥有更多的友情，让父母也少些担忧。所有人能给予你的仅仅是引导和帮助，并不能替你承担责任，真正负责任的是你自己。

有志者事竟成

Part

seven

面对未来，学会自己长大

儿时的我们都曾有梦想，可随着年龄的增长，梦却变远了，甚至不敢再做梦。未来不是梦，可是连梦都没有的未来会是什么样？你可曾写出过自己的梦想？你还愿再带着梦想上路吗？一艘没有航行目标的船，任何方向的风都是逆风，你的船会驶向哪里？一个明晰自己前行方向的人，自然会想方设法找到前进的道路。请记住丘吉尔的名言："我没有路，但我知道前进的方向。"

莫让自己蒙着眼睛走路——目标

遗失的梦想，迷茫的目标

小时候，我渴望长大后做一名飞行员，因为在天空俯视大地的感觉是那么棒。随着年龄的增长，我发现成为飞行员并不容易，儿时的梦想，已不那么强烈。后来我又想做一名医生，然而，医生也不容易，读医学要5年——好长。父母告诉我学计算机好找工作，我也看到计算机程序员设计出来的东西真是太棒了——我的梦想似乎又变了。梦想可以变化吗？这样会不会像课文中的"猴子掰玉米"，到最后一个也实现不了？其实，我很怀疑，这些是我的梦想吗？如果不是，我的梦想又是什么？假如我找到了自己的梦想，我能实现它吗？

你知道自己要什么吗?

2009 年 7 月 7 日《新文化报》上有一则新闻让我很震撼——13 岁男孩高考 654 分考取北航。

孙天瑞,1996 年 6 月 30 日出生,2009 年毕业于长春市第二实验中学。6 月 21 日,高考成绩出来了,他得了 654 分,这时离他 13 岁的生日还有 9 天。

成绩一出来,孙天瑞的爸爸孙峰就赶紧和各高校在长春市的招生组联系。北京航空航天大学表示非常愿意录取这个孩子,同时北京大学也表示可以录取他。

在选择大学这方面,孙天瑞头一次与在他就读的高中教英语的爸爸出现了分歧。爸爸希望他上北大,因为毕竟北大的名气要"更大一些"。但孙天瑞坚持要上北航,因为北航保证他可以学习飞行器动力工程专业——可以专门研究飞机的发动机,这是孙天瑞特别喜欢的。

最后,还是爸爸向儿子"屈服"了。

看到这则新闻你想到了什么? 天啊,13 岁参加高考居然考 654 分,太高了,天才啊! 说实话,我 13 岁时,还在念初一,我想大多数同学在 13 岁时也是读初中吧。也许你会羡慕赞叹,孙天瑞真是个神童。但是,让我感到惊诧的则是新闻中关于学校选择问题的父子争论。北大与北航都同意录取这个孩子,父亲觉得北大"名声大",决定让儿子报北大,但孩子坚持报北航,原因是"北航保证他可以学习飞行器动力工程专业——可以专门研究飞机的发动机,这是孙天瑞特别喜欢的"。

在北大,我有一个师妹,16 岁参加高考,考了 702 分,在北大最好的学院——光华管理学院就读,今年 19 岁,已经大三了。在你眼里是不是又是一个小天才? 可是,她现在也有自己的迷惘,高考时她没有想过未来的专业是什么,将来自己要做什么，甚至现在她对自己未来的路也还在摸索中。两相比较，可以看出都是那么优秀，不同的是一个早早地就知道了自己想要的，一个还在摸索中。

我为孙天瑞的见地与坚持感到震惊：一个13岁的孩子，竟然明确知道自己喜欢什么，明确知道自己要什么，更能为了自己的追求义无反顾地抛弃在别人看来光鲜诱人的东西，这多么难能可贵！套用一句广告语："只要你知道自己去哪儿，全世界都会为你让路。"——13岁的孙天瑞做到了。

现在就谈论未来，同学们说的最多的词是什么？迷惘！看看吧，高考后很多同学不知道自己喜欢什么专业，毕业后很多同学不知道自己喜欢什么工作，而现实又逼着我们向前走，我们总要学点什么、干点什么，于是稀里糊涂地就上路了，走来走去，却不知道自己要去哪儿。蓦然回首，顿时迷惘了……

你是否有同感呢？如果你明确知道自己要做什么，那么恭喜你！坚持下去，迟早会成功的，你最终会迎来属于自己的"怒放的生命"！如果你还在迷惘之中，那么你该好好想想了。

好吧，现在先停下来，好好思考一下你想要什么，你的梦想是什么（见表7-1）。

表7-1 梦想思考表	
问题	你的行动
1.你有梦想吗？	假如有，你还记得它是什么吗？是否写在了纸上？如果没有书面的叙述，请拿出纸，写这样的题目《我的梦想是……》。假如没有，请拿出纸，写这样的题目《我的梦想是……》。
2.你为什么会有这样的梦想？	既然你有了梦想，请拿出纸，写出来为什么会产生这样的梦想，什么原因让你产生这样的梦想。
3.你的梦想是否改变过？	当你拥有自己的梦想后，是否改变过自己的梦想，如果改变过，请写出改变的原因。然后，请回答一个问题，对于新的梦想你是否会再改变。
4.你觉得什么会阻碍你实现梦想？	拿出纸，写出你能想到的阻碍你实现梦想的所有因素。

梦想不是直线

在成长的过程中你可能经历这样的阶段——不知道自己擅长什么，不知道自己想要什么，所以只会听从家长或朋友的意见来确定自己的人生方向。但我告诉你，那是别人的，而不是自己的愿望和梦想。

并不是每个人一开始都能找到自己真正的梦想，绝大多数同学开始的想法并不成熟，中学阶段的想法跟大学或工作时也不一样。甚至，大学毕业工作了几年后又发现自己并不适合那份工作，自己真正想做的是另一行。

从出生开始，我们便按照别人尤其是父母的想法成长，梦想一开始也带有强烈的他人色彩，这些想法不一定是错误的，而且绝大多数是正确的。在这些想法、观点的影响下，你开始成长为他们想象的那个"人"。随着个人成长，一旦你找到了自己真实的梦想，明白自己真正想做什么时，你便发现自己的动力超越了以往所有的时候，效率也是最高的。

大多数人的梦想并不是自己真实的梦想，甚至有人活了一辈子都是在为别人的梦想而努力。所以，你也不必为了不断变换的梦想而发愁，只要你选择了这些梦想，就要认真努力地行动，虽然这些梦想不是你真实的梦想，但是，它们都会帮你找到真实的梦想。梦想绝不是一条直线，假如你一开始就找到了为之奋斗一生不改变的梦想，那你真是太幸运了，你所做的所有事情就是坚定不移地行动，去实现它。

但并不是每个人都可以实现自己的目标，从现实生活中看，很多人都没有实现自己的目标，这是为什么呢？下面我列出一些可能的原因，你思考一下自己是否存在类似情形。

原因一：目标太多太杂没有优先顺序，东做一个，西做一个，结果哪个都没做好，你需要瞄准最需要做的目标，竭尽全力去实现。

原因二：不明确自己的目标。不太清楚自己为什么要设定这个目标和计划，不明白实现这目标对自己意味着什么，也即，不明白目标对自己的意义。

原因三：目标没有书写出来，仅仅在自己的大脑中，结果想起来了就做，想不起来就不做，你需要把目标写出来，天天甚至时时刻刻都能看到。

原因四：别人不知道你的目标，即使自己实现不了别人也不知道，你应该让别人知道你的目标，同时，找到合适的监督者和考核者，如果完成不了自己的目标，需要制定一些惩罚措施。

原因五：得不到别人的支持。不要做独行侠，正所谓一个好汉三个帮，你需要别人的帮助。

原因六：没有定期检查和评估自己目标的进度。

原因七：遇到困难就退缩甚至放弃自己的目标，缺乏坚持到底的决心。

原因八：没有制定出自己的核心目标。

原因九：目标不合理。

我很喜欢这句话："如果你把每一天都当作生命中最后一天去生活的话，那么有一天你会发现你是正确的。"你有没有每天早晨面对镜子问自己："如果今天是我生命中的最后一天，我会不会完成我今天想做的事情呢？"假如你得到的答案连续多次都是"不"的时候，我想你需要改变一些事情了。

实现你的梦想，需要舞台，我们看看你实现自己梦想的舞台是什么吧（见表7-2）：

表 7-2 梦想实施表

步骤	搭建梦想的舞台
步骤一：你觉得自己能实现梦想的优点有哪些？	构建梦想的舞台，需要你了解自己有利于实现梦想的优点，请拿出纸，写出这些优点。
步骤二：你觉得实现梦想需要什么样的帮助？	实现你的梦想，你觉得是否需要别人的帮助，要别人帮助你做什么，请在纸上写出来。
步骤三：你觉得实现自己的梦想你需要做什么？	实现你的梦想，你觉得自己需要在哪些方面，做哪些努力，请在纸上写出来。
步骤四：你觉得实现你的梦想需要怎样的时间规划？	实现你的梦想，你觉得需要多久，你有什么样的时间安排，请写在纸上。
步骤五：实现梦想你需要怎样施行？	实现梦想，搭建自己实现梦想的舞台，需要不断地重复步骤一至步骤四，直至具备了所有实现梦想的条件、能力和机会。

准备赢得一切

　　在高中要不要了解大学呢，要不要为大学做准备，要为大学做什么样的准备，这些问题你思考过吗？无论你上的高中多么有名，你的表现如何优秀，你都有可能没有为将来面临的竞争做好准备。大学里的老师明白这样一件事：有些高中的尖子生在大学的学习中会有麻烦，而有些在高中学习不怎么样的学生反而在大学里很突出。无论如何，要想在大学做出成绩是需要努力的。

　　在高中，你处于被管理的状态，老师不希望你有自己的安排，把你安排得死死的，恨不得你所有的时间都用在学习上，可是到了大学是完全不同的环境，没有老师会管你，一切都要你自己安排，上课你可以去上，也可以不去，当然也得保证老师考勤时，你不要被点到名，三次点名没到，期末考试可能会被禁考的。大学的课程安排得也远没有高中那么紧张，除了必修科目，你可以选择一些你感兴趣的选修科目，拿到选修科目的学分。

　　大学和高中一样，也有名牌和一般的划分，在我看来一流的大学，除了有一流的师资、一流的生源外，最重要的是拥有非常好的学习氛围，在这样的大学里，你总是能看到别人身上的闪光点，他们会激励你继续前进。高考结束，新生入学后，经常会有些学生（主要是一般本科的）给我留言，抱怨学校的事情，在学校感觉无所事事，感觉大学跟高中没什么区别，不知道要学些什么了。为什么会出现这种情况？因为你已经习惯于被别人管了，自己做主、自己主动学习的能力在高中退化了很多。说实话，在比较一般的大学，你如果想有所成绩就必须靠自己，自己得主动起来。譬如，有些学生学习经济管理，觉得学校就那几门课，真没什么学习的，他们真是大错特错，经济管理是一门很注重实践的课程，如果要想学好，不仅要注重书本，更要注重自我管理学习，注意社会经济动态，要和社会挂钩，你需要学习的东西远远超过书本。

　　更重要的是，大学并不仅仅是书本的学习，你需要花费更多的精力在你的协作、沟通、实践能力上，兼职工作、学生会活动这些都是锻炼的好场所。在高中，除了学习不会要求你别的，即使你的人际关系一塌糊涂，只要学习好，别人也不会说什么，毕竟高中是学习成绩第一，可是到了大学则是不同的，因为毕业后你可能要走向工作岗位，在工作中最重要的就是协作能力、沟通能力。

其实，你大可不必着急，在高考过后有两个多月的时间，这段时间你完全可以用来了解大学，设计你在大学的生活。我建议，在暑假有机会的可以去一些名牌大学参观下，因为这是一种激励，同时，你也要了解一些大学，将自己的兴趣和一些专业挂钩，了解一些这方面的情况，当你找到了合适的大学、合适的专业时，你就看到了目标，会产生为之奋斗的动力。

未雨绸缪，准备会为你赢得未来。

寻找目标的精灵法则

　　找到自己的梦想不是一件容易的事情,确定终生要做的事情,更是难上加难,但不要刻意为自己的终生设定目标。梦想就如金字塔,需要我们广泛接触然后慢慢缩小,最后确定终生目标。大目标难确定,但阶段性目标并不难。最重要的是,如何制定目标,制定目标要遵循什么原则,我们是必须清楚的(见图7–1)。

图 7–1 制定目标示意图

　　制定一个好的目标,需要遵守精灵法则,所谓的精灵法则就是 SMART 原则(见图7–2)。

原则	说明
S：Specific（具体性）	**目标必须是具体的，可以量化的。**例如，"把数学学好"，这样的目标是模糊的；上次数学考80分，这次比上次提高10分，这是具体的。还可以再细分，通过复习哪个知识点，在这个知识点上提高多少分。
M：Measurable（可衡量性）	**目标必须可以衡量，可以考核。**应该有一组明确的数据，作为衡量达成目标的依据。如明确写出这次进步10分，就容易衡量。
A：Attainable（可实现性）	**目标必须可以让人接受，可以实现和执行。**设定的目标要高，有挑战性，但又要切合实际，如果会严重挫伤积极性。在实施目标前，尽量不要太多地关注目标的困难程度，否则会严重打击你的积极性。
R：Relevant（相关性）	**当前目标必须和现实相关，和主要目标相关联。**目标要与现实相关，不是"白日做梦"。同时，实现了这个目标，要有助于实现主要目标。例如，你制定了一个游戏目标，而玩游戏的时间又和你的主要目标——学习冲突，如果影响了学习，这说明不具有相关性，相反还破坏了你的主要目标。
T：Time-based（时间限制）	**目标必须有时间限制。**任何一个目标，一定要给自己一个时间限制，明确在什么时间开始，什么时间完成。例如，我要在两周内复习完这个知识点，两周是个时间段，具体的点是2010年8月10日中午12：00点完成。

图 7-2 SMART 原则及说明

目标有时不一定能帮你进步，因为你制定的目标可能存在问题，出发前你一定要确保你的方向——目标没有问题，如果你的目标不符合"精灵原则"，那赶紧修改一下吧！如果你有了清晰明确的目标，你最终也会有好的策略；如果你没有清晰明确的目标，那你也就不可能有好的策略。

同时，也不要抱怨自己的目标小，有时当你实现了小目标，大目标就会出现。就像小溪、小河开始不知道往哪里流，只是往低处流（顺应地势），但流着流着就成了大江大河。我们制定目标也是如此，只要对自己来说是种进步就好。

记住，不管你想什么，确定那是你所想的；不管你要什么，确定那是你想要的；不管你感觉如何，确定那是你所感受的。我们都在选择，问题是，你是选择让自己离梦想更近一些还是更远一些。

书写的力量

你可能有过这种经历：一旦受了触动，就开始下决心去努力，刚开始还很兴奋很有动力，可是没过几天，当这种兴奋的感觉渐渐失去的时候，就渐渐失去了毅力，就又回到原来的生活轨道上，原来制定的目标就慢慢淡忘了。

为什么会这样呢？最大的原因就在于你不能每天温习自己的目标。做不到这一点，你就容易失去初期的兴奋感，你的行为也会渐渐偏离目标的指引，你的计划也就难以继续进行下去。

俗话说："好记性不如烂笔头。"你的头脑远没有想象的那么可靠，很多同学经常会忘事，比如出门才想起忘记带书或文具了，时常有东西找不到了……

美国有一份调查报告显示，只有大约3%的成年人拥有明确的书面目标，跟那些受过同等教育和具有同等能力或者甚至获得更好教育和具有更强能力但从不花时间确切地写出他们希望达到的目标的人相比，拥有明确书面目标的人取得的成就是他们的五到十倍！

奥运会男子十项全能冠军布鲁斯·詹纳曾经询问十几个有希望拿到奥运奖牌的选手，有谁写过自己的目标清单。令人欣慰的是每个人都举起了手，可当詹纳又问有谁随身带着那张清单时，却只有一个人举起了手。这个人是丹·奥布莱恩，他也是在1996年亚特兰大奥运会上，赢得了当年男子十项全能金牌的人！

写出来是一个自我承诺的过程，书写的过程不仅仅是写到纸上还是写到心上。一个想法、计划或梦想，可能只是你头脑产生的一个闪念，如果不及时写下来过后你就会将它抛在一边，不再回视，不再进一步思考它，最终的结果就是，再好的东西，也会像你抛弃它一样毫不在意地将你抛弃。

所以，请记住：写在纸上的目标具有能量！同时，随身携带着自己的"能量"，时不时地看到，会让你更聚焦！

符合"精灵原则"和"W原则"的例子（如图7-3）：

原则

W：Write
（书面化）

目标要书写出来。把目标写到纸上可以理清你的思路，帮你知道自己要实现什么目标去做哪些事情；把目标书面化，不容易遗忘；同时，也会时时提醒你目标在哪里。

书写原则：
用最明确的文字，尤其是数字描述出来；
尽量将其视觉化，如果能用图片或图形表示效果更好；
将这些视觉化的文字或图像，摆放在你随时或每天都能轻易看到的地方，最好是随身携带随时都可以看看它！

举例：
目标：我将在30天内完全掌握《新英语900句》，每天我将在早上6：30～7：30练习应该掌握的30句话，达到在3分钟内将当天所学全部脱口说出（考核标准）。

书面化表达：
我的《新英语900句》学习目标：
我将在 30天 掌握／记住／学会《新英语900句》，每天我将在上午6：30～7：30练习／牢记应该掌握的 30句话 ，达到在 3 分钟内将其脱口说完／完全背出。
制定人：和云峰　　　　日期：2017年3月1日
监察人：村长　　监督人：村长助理

图7-3 书面化目标图

目标要书面化，同时，最好能将实现目标自己该遵守的规则、目标实现后的奖励和违反规则后受到的惩罚一一列清楚，让自己知道什么该做，什么不该做，会获得什么样的奖励激励，会受到什么样的惩罚。

工具：梦想记事本——记录你的梦想。梦想笔记本是一个记事本（可以是A5、A7、B5、B6，建议是A7大小，方便携带），用来记录你想做的事情、将来的目标、人生的计划等，把记事本带在身边，并反复翻阅，如此一来，每天、每小时、每一分、每一秒都不会忘记你的梦想，并且朝梦想的方向前进。同时，还可以列出实现梦想所必需的事情。

记住哦：

看得见、摸得到的梦想才容易实现！

着手收集梦想，梦想将不断浮现！

列出实现梦想所必需的事情！

快要放弃梦想的时候，让记事本来提醒你吧！

七步确定和实现目标

昔日曹植七步成诗，今日我们七步成就目标，遵循这七步，可以大大提升学习效率，更快地提高学习成绩，获得学习上的进步。

第一步：确定你所要的东西——在你开始攀登成功之梯时，首先要确定这部梯子靠对了地方。你自己决定，或者坐下来同父母、老师和同学讨论你的目标和目的，直到非常明确你该做什么事情和做这些事的轻重缓急顺序。

第二步：写下来——先写在纸上再认真思考。把你的目标写下来后，你要逐步明确并使之具体化，这样便创造了你看得见摸得着的东西，它会时刻提醒你给你动力。另一方面，没有写下来的目标或目的只是一种愿望或幻想，它没有能量，会导致迷惑、含糊、迷失方向和无数的错误。

第三步：确定截止日期——为你的目标确定一个截止日期。没有截止日期的目标或决定就没有紧迫性，它没有真正的开始或结束，没有具体的截止日期确定或接受完成任务的具体责任，你自然会拖延，完成得很少。

第四步：列出实现目标需要做的事情清单——列出能想到的实现自己目标所必须做的每一件事。当你想到新的活动时，同你正在做的事情对比看是否有益于你的目标，如果有益就把它们加到你的清单中去，不断地往你的清单上加东西，直到完善。有了这张清单，你对学习任务或目的就一目了然，它使你有章可循，能大大增加你实现目标的可能性，因为你已经明确你的目标并且已经把它列到日程表上了。

第五步：把这张清单变成一项计划——根据轻重缓急顺序安排好你的清单。花几分钟时间考虑什么是你必须首先做的，什么是你可以晚些时候再做的。如果能在纸上列出一系列表格，使你的计划一目了然，那就更好。如果你把计划细分成一些单个的任务，你会感到惊讶，原来要实现你的目标是那么容易。有了写下来的目标和制订的行动计划，你就比那些把目标放在心里的同学更多产更有成效。

第六步：立即根据你的计划采取行动。一个认真执行的普通计划，要比什么也没有做的宏伟计划好得多。你要获得学习进步，行动是关键，执行是关键。

第七步：每天都要下决心做一些能使你更接近目标的事情。把有利于你进步（尤其是学习进步）的事情列入你的日常日程表。如：读上几页跟主要目标有关的辅导书籍，问同学或老师几个不解的问题，学习一些外语新单词，做几道题，进行体育锻炼。总之，不要浪费每一天。

找到了目标，就要为目标行动下去，不断往前走。一旦开始行动，就要继续保持行动，不要停下来。

记住哦：眼前的自己虽然很渺小，但只要持之以恒地沿着自己所设定的目标前行，未来的你必将收获一种伟大！千万不要放弃目标，更不可低估了自己。

第二章

莫让自己陷入选择的误区——选择

我的前途谁做主

经常在 QQ 上看到这样的留言：

"和老师，我不知道怎么办，大家都说我做事没主见，我也发现了自己这个缺点。譬如，上次老师组织我们参加足球比赛，我一直很喜欢足球，可是，高中的学习压力很大，加上我又到了高三，参加比赛又不能给我加分，我报还是不报呢？我很犹豫决定不了，结果让爸爸拿主意，他说现在以学习为主，不要参加了。我最终没有参加，可是每次看到其他同学参加比赛的积极踊跃，那种激情投入，那种满足，我很羡慕。我居然发现他们回来后又都能精神抖擞地投入学习，我总觉自己的选择是错误的，我很后悔。类似这样的事情有很多，面对选择，我总是犹犹豫豫，即便选择了、决定了，也会考虑再三，大多数情况下常常感到后悔。这太痛苦了！"

"马上就要文理分科了，我很喜欢文科，可是爸爸和妈妈说文科出来了不好找工作，还是选择理科吧，可是我不太喜欢物理，我该如何选择呢？"

"高考结束了，头疼的事情又来了，我该选择什么学校和专业呢？和老师，你能给我一些建议吗？我不知道怎么选择学校和志愿。"

选择的痛苦：没有选择，还是选择太多？

在考试中，我们常常遇到选择题，其实，你的生活、学习犹如做选择题，有时是单选，有时是多选。面对单选，当你不知道答案时你很痛苦；可是面对多选，你知道有多个答案，却不知道选哪个，更痛苦。

有一个很有意思的现象：一场比赛过后，你认为是银牌获得者幸福呢，还是铜牌获得者更幸福？答案是铜牌获得者！参加比赛的选手都是为了得到一个好的名次，但是，银牌的获得者对金牌念念不忘，他不断在咒骂：就差 0.03 秒，你得到了金牌，我却只能屈居第二，我的运气怎么这么差？而铜牌的获得者却庆幸不已：仅仅因为这 0.03 秒，我站在了领奖台上，其他人什么也没得到。铜牌的获得者很幸福，因为他知道：比起第 4 名，他是一个成功者。幸福居然并不取决于事情的结果，而是取决于我们看问题的角度。

你遇到过这样的事情吧，当你买了一个东西后，再遇到卖此类东西时，你经常会再询问价格。为什么呢？你期望得到这样一个事实：你那时买的便宜，这个东西现在还是比较贵，你买值了；可是多数情况并非如此。如同案例中的同学，自己选择了一件事，可是事后又往往羡慕别的事情，总觉得没选到的是好的。对于这样的同学，与其有选择，不如没有选择，至少那是痛苦了一次，而他却是选择时痛苦选择后也痛苦——两次痛苦，真是不值得。

不知道如何选择的痛苦在于自己的能力不够，而多个选择的痛苦在于不知道如何舍弃，舍弃后又再为舍弃的事情后悔。有人说，人生不过是一连串的选择和决策的过程：从你早上起来要穿哪一套衣服出门开始，你就在选择；中午要去哪里吃饭，吃什么饭，你又在选择……正是你在生活中每个环节的选择和决策，塑造了你的人生，决定了你的成败。

在生活中，无论做什么，我们常常希望选择多一些，正所谓"货比三家"，但是选择多了就一定好吗？

心理学上有一个著名的效应，叫作"布里丹效应"。法国哲学家布里丹养了一头小毛驴，每天向附近的农民买一堆草料来喂。一天，送草的农民出于对哲学家的景仰，额外多送了一堆草料，放在旁边。这下子，毛驴站在两堆数量、质量和与它的距离完全相等的干草之间，可是为难坏了。它虽然享有充分的选择自由，但由于两堆干草价值相等，客观上无法分辨优劣。于是，它左看看，右瞅瞅，始终也无法分清究竟选择哪一堆好。于是，这头可怜的毛驴就这样站在原地，一会儿考虑数量，一会儿考虑质量，一会儿分析颜色，一会儿分析新鲜度，犹犹豫豫，来来回回，结果在无所适从中活活地饿死了。

人们都希望得到最佳的抉择，所以常常在抉择之前反复权衡利弊，甚至犹豫不决。但是，在很多情况下，机会稍纵即逝，并没有足够的时间让我们去反复思考，需要我们当机立断，迅速决策。如果我们犹豫不决，就会两手空空，一无所获。

我们经常听人讲"赢在起点，赢得未来"，可是并不是每个人都能"赢"在起点。很多同学开始时未必学习就很好，可是经过了自己的努力，学习也变好了；很多同学没有考上大学，但在工作中通过自己的不断努力，也成就了自己的事业。也许现在的你还有各种各样的问题，也许现在的你没有好的起点，但这些都不重要，重要的是，在问题的转折点你会不会选择，敢不敢面对。

放弃是一种智慧

孟子说过："鱼，我所欲也；熊掌，亦我所欲也，二者不可兼得；舍鱼而取熊掌也。"当你面临选择时，鱼、熊掌都是你想得到的，可是一箭双雕、一石三鸟的事情很少发生，你不得不选择其中一个，舍弃另一个。可是，很多同学却选择鱼与熊掌一起吃，多么理想啊，不仅吃着碗里的还看着锅里的，结果往往是鸡飞蛋打，飞了老鹰又跑了兔子。你的精力是有限的，同一个时间你不可能既学习又玩游戏。

很多同学听别人讲过"坚持一下，再坚持一下，成功就在坚持之后"，可是你们真的了解"坚持"吗？有很多同学把不明方向的固执当作了"坚持"，看看下面这个故事。

一对师徒走在路上，徒弟发现前方有一块大石头，他就皱着眉头停在石头前面。

师傅问他："为什么不走呢？"

徒弟苦着脸说："这块石头挡着我的路，我走不下去了，怎么办？"

师傅说："路这么宽，你怎么不会绕过去呢？"

徒弟回答道："不，我不想绕，我就想要从这个石头前穿过去！"

师傅："可能做到吗？"

徒弟说："我知道很难，但是我就要穿过去，我就要打倒这个大石头，我要战胜它！"

经过艰难的尝试，徒弟一次又一次地失败了。

最后徒弟很痛苦："连这个石头我都不能战胜，我怎么能完成我伟大的理想！"

师傅说："你太执着了，你要知道有时坚持不如放弃。"

执着是一种可贵而值得称赞的精神，可是，执迷不悟的固执，却是一种自欺欺人。因种种主客观因素制约难圆其梦，与其一意孤行地固执下去，不如正视现实，咬咬牙勇敢地放弃。明智的放弃，胜过盲目的执着。在通往成功的道路上，有了执着的精神，便有了双足不断前行的动力，但千万不要在道路的岔口，被不理性的风沙迷蒙了双眼，进入固执的死胡同而又不肯回头，这样就离成功越来越远。但是，你一定记住一点：有时候放弃是对的，但是放弃选择肯定是错误的！

只做你喜欢的事。

愚公移山还是移人？

我们曾经学过《愚公移山》这篇课文，你还记得这篇课文向你讲述的道理吗？它告诉我们这样一个道理：不怕艰难险阻，排除一切困难，坚持不懈，赢得胜利。这个道理一直激励了我很久，当我在大学给同学们讲《管理学》时，我忽然发现"愚公移山"的精神可取，方法却不对。

从科学角度看，愚公违背了科学规律，客观上不可能成功。"太行、王屋二山，方七百里，高万仞"，粗略计算，两山约合土石二百多万亿吨。愚公把土运到"渤海之尾，隐土之北"，每年只能往返一次，每次5吨，也要5000个100亿年。而科学家告诉我们，地球的寿命总共是100亿年左右，也就是说当人类都把家搬到了太空，愚公还不曾毁山之一角！

这当然是说笑，在这里我想让同学们先弄清楚一个事情，愚公为什么要移山？是为了走出去。假如你是愚公面临这种情况，怎么选择？我们分析一他有几种选择：第一种，就是移山，佛挡杀佛，山挡移山；第二种，等神仙帮忙，把阻挡我们的障碍去除，或者自己练就仙术，可以飞越过去；第三种，此路不通，还有其他通路，我总可以走出去，大不了全家搬走。你觉得哪种选择更容易实现你的目的？毫无疑问肯定是第三种！有句话说得好，方向比努力重要，正如本书前文讲过的，努力固然重要，但是选择错了方法，一样没有成效。

愚公移山还是移人，答案是移人。当你目标确定了，第一需要的是方法，然后，再是坚持！

变通，让你的目标更现实

有这样一个故事：

有一位青年大学毕业后，曾豪情万丈地为自己树立了许多奋斗的目标，可是几年下来，他一事无成，所以满怀烦恼地去找一位智者倾诉。

当他找到智者时，智者正在河边的一间小屋里读书。智者微笑着听完青年的倾诉，对他说："来，你先帮我烧壶开水！"

青年见墙角放着一个很大的水壶，旁边是一个小火灶，可是周围却没有柴火，于是便出去捡拾。

他在外面拾了一捆枯枝回来，从河里装满一壶水，放在了灶台上，堆放了些柴火便烧了起来。可是由于水壶太大，一捆柴火烧尽了，水也没有烧开。

于是，他跑出去继续捡拾柴火，等拾到足够的柴火回来时，那一壶水已经凉得差不多了。这回他变得聪明了，没有急于点火，而是再次出去捡拾了很多柴火，由于柴火准备得充足，一壶水不一会儿就烧开了。

这时，智者忽然问他："如果没有足够的柴火，你该怎样把这壶水烧开？"青年想了片刻摇摇头，智者说："如果那样，就把壶里的水倒掉一些！"

青年若有所思地点了点头。"你一开始就踌躇满志，树立了太多的目标，就像这个大壶装的水太多一样，而你又没有准备足够多的柴火，所以不能把水烧开，要想把这壶水烧开，你或者倒出一些水，或者先去准备足够多的柴火！"

青年顿时大悟。回去后，他把原来计划中所罗列的不切实际的目标一个个删掉，利用业余时间刻苦学习相关的专业知识，两年之后，他的计划目标基本上都实现了。

生活中充满了无数的诱惑、机遇，选择多了眼就花了、心就乱了、欲望也就膨胀了，因此什么都去抓，什么都想拥有，但结果是仅仅被机遇、好运撞了一下腰，什么都没有抓住。我觉得抓得住就是机会，抓不住那就是诱惑！就像故事里的青年豪情万丈设立了很多目标，给自己装了满满一大壶水。但在人生旅途上背负过重的包袱，又怎能快速攀登上成功的顶峰呢？

很多时候我们都希望自己能一次把水壶里的水烧开，其实，这样的想法往往让我们事倍功半，浪费了更多时间，却达不到目的。很多同学一下子定了很多目标，却又不清楚哪些目标先实现哪些目标后实现，即使这些目标都是对的，你的顺序出了问题，也不会让你更接近你的终极目标。更何况，有很多目标原本就不合理，所以，你要学会变通，及时修正那些不切实际的目标，选择出你现在最应该实现的目标。

一旦确定了正确的目标，做出了正确的选择，就不要患得患失，瞻前顾后，你需要有"放得下"的魄力。

我的前途我决定

1995年中考结束后，有个小男孩中考成绩很不错，全县第11名，报考了一所中专院校（当时中专还管分配，学习好的学生多数会选择中专），就在填报志愿时，小男孩忽然间做了一个奇怪的决定，不读中专了，要读高中，因为大学是他的梦。这个决定在家里引起了轰动，全家老少都来劝这个孩子，甚至母亲都要给他下跪了。这个孩子没有放弃坚持，终于通过努力得到了母亲的同意。

1999年高考的时候，男孩以1分之差没有考入理想的学校，落榜了。他很落寞地去了市一中补习，补习班中他的分数最高。就在男孩还在痛苦中挣扎时，有一所学校居然扩招了，他不敢相信，1998年这所学校的分数仅次于清华北大，而他的分数够招生的分数，他犹豫了，但是很快他做出了决定，读这个学校了！当时，他的老师、同学都劝他补习一年吧，以他的情况可以考上北大、清华的，但是，男孩已经做了决定——读这所大学，他选择了通信专业。这位男孩在大学的表现非常优秀，每次考试在全系都名列前茅，多次获得全系第一。

2003年男孩决定要考研究生，他选择了清华大学。以男孩的成绩，所有人都觉得考上没有任何问题，可是又是一场不幸，他班里有三名同学考上了清华，全系有七名同学考上了，唯独他落榜了。当时，他有机会选择工程硕士和一份他非常喜欢的工作，父母都建议他读清华的工程硕士，这时，男孩又做出了决定，他不读工程硕士，要报考北大。又经过一年的努力，他终于来到了北大，选择了当时最火爆的计算机专业。

毕业后，男孩一度彷徨：在北大他最喜欢的是教育，但是，迫于父母、家庭生活的压力，男孩选择了一家外企，拿着优厚的薪水。可是男孩并不高兴，他最喜欢的是教育，他从进入大学开始从来没有放弃教育，无论是做家教、家庭辅导，还是做讲座、做教育研究调查，他都是那么的喜欢。终于，在工作两年后，他毅然辞去了报酬优厚的工作，回到了自己最喜欢的教育行业，但这次父母没有逼迫他，因为父母明白了，这是孩子的决定，他有自己的想法了，做父母的不能让孩子再背负他们的希望了，既然希望孩子能幸福生活，那就全力支持他！

这一坚持就是 8 年！

你猜到了吗？这个小男孩就是我，我的前途我决定，你的前途呢？

选择成就明天

从拿起这本书开始，你就面临一个又一个的选择，一个又一个的问题，一个又一个问题的分析，不论这些问题和你自身的情况是否一致，你都面临一个选择：自己是否要纠正这些问题？别人的知识不能自动地拯救你，问题也不在别人身上，操之在己，要不要行动呢？

也许，在读这本书之前，你还不停地抱怨老师对你不公平，父亲母亲对你不好。那从现在开始好好思考自己的原因吧，你需要做出一些选择：选择从自己身上动手解决问题，还是选择认定是别人的原因与自己无关；选择积极主动去改变，还是选择消极被动地适应别人的安排；选择有意义的人生目标为之奋斗，还是选择庸庸碌碌迷惘活下去；选择继续叛逆下去，还是选择宽容体谅父母；选择从现在开始立刻行动，还是选择看看别人再说。

心理学中有一个著名的效应——自我选择效应，它指的是什么样的选择决定什么样的生活，今天的生活是由 3 年前的选择决定的，而今天的选择将决定 3 年后的生活。一旦一个人选择了某一条人生道路，就存在朝这条路走下去的惯性并且不断自我强化。选择效应对人生的影响是巨大的，未来的生活完全取决于你今天的决定、今天的选择。

在学习和生活中，你总会遇到困难，遇到挫折，也许，别人可以帮你一把，但是，最重要的还是在于你自己，没有人能够不断拖着你让你前进。在成长的路上，有一个东西会成为你的动力——热情，选择不是被动地接受，而是主动地迎接。选择积极，远离消极，让热情注入你的行动中吧。

你不得不做各种各样的选择，你也渴望未来成功，我给你一些选择的建议：

当他人怀疑时，去相信。

当他人嬉戏时，去规划。

当他人昏睡时，去学习。

当他人犹豫时，去决定。

当他人空想时，去准备。

当他人拖延时，去行动。

当他人翘盼时，去工作。

当他人浪费时，去节俭。

当他人说话时，去倾听。

当他人皱眉时，去微笑。

当他人批评时，去赞美。

当他人放弃时，去坚持。

每个人都是自己命运的设计师，每个人又都是自己命运的建筑师。正如本书一直传达给你的思想——认清楚你自己，自己是一切的根源，操之在你，未来你会如何，都在于你今天的选择、你当下的努力。

第三章

学会自己长大

【对话和博士】

梦想并不遥远

● 2009 年寒假，一名来自大连枫叶高中的学生，参加了当时由我主办的训练营。在我们梦想访谈过程中，他说自己的梦想就是做和环保相关的事情。我给他设置了很多实现梦想会遇到的障碍和种种困难，他没有被困难所阻挠，依然选择了自己的梦想。虽然他在学校的学习成绩一般，但有这个坚定的梦想，很了不得。

2011 年暑假，我在北大又碰到了他，他来北京参加一个高校社团组织的会议，交流中我知道他已经是他们学校最大社团的创始人和负责人，他的环保组织最多的时候达到 300 人。他参加了很多环保活动，并且收到了北大的邀请来参加全国大学社团的交流活动。

一个人需要为了自己的梦想而努力，成功没有捷径，我们需要自己去成长，别人完不成我们的梦想。很高兴他为自己的梦想努力了。这也让我更清楚地看到这样一个事实——梦想离我们并不遥远，当我们学会自己长大时，一切皆有可能。

● 2014 年暑假，一位初入高三的男孩因为《高中三年，我的奋斗我的梦》认识了我，他告诉我，他想考清华，但现在他的分数才 295 分，他想改变，而且非常积极。面对这样一个积极的他，我觉得我要做些什么，我决定，陪他高考，自此我们开始了一年的奋战！

我们每周都会通过 QQ 语音或手机电话，偶尔讲讲题目，更多的是讲方法和解惑，解决他错误的思考方式，调整他的心态。他真的很努力，在寒假期末考试中，他的成绩到了 570 多分。

周末、假期，甚至春节和元宵节，他都在刷题，有时候在通话中都哭了，但他没有放弃。一模考到了 630 分，二模考到了 650 多分，最后一次模考，终于触摸到了清华，考到了 703 分！

从"学渣"到学神，不是每个人都可以做到，有很多影响因素，但他的坚持和主动，无疑是非常关键的！

最后的高考他涂卡出了问题，但还是考到了 665 分。虽然很遗憾没有被清华录取，但他没有失败，他是成功的，最起码这一年，他学会了自己长大！

改变别人不如改变自己

在英国威斯敏斯特教堂地下室里，英国圣公会主教的墓碑上写着这样一段话：

在我年轻的时候，我的想象力没有任何局限，我梦想改变这个世界。当我渐渐成熟的时候，我发现这个世界是不可能改变的，于是我将眼光放得短浅了一些，那就只改变我的国家吧！但是后来我发现，我的国家似乎也是我无法改变的。

当我到了迟暮之年，抱着最后一丝希望，我决定只改变我的家庭、我亲近的人，但是，他们根本不接受改变。

现在临终之际，我才突然意识到：如果起初我只改变自己，接着我就可以依次改变我的家人。然后，在他们的激发和鼓励下，我也许就能改变我的国家。再接下来，谁又知道呢，也许我连整个世界都可以改变。

无论是父母还是孩子，都渴望别人改变，或者改变别人，可是否想过改变自己？一旦出了问题，我们总喜欢给自己找些借口，似乎只有改变了别人或别人改变了，这个事情才可以解决。譬如，看到城市中闯红灯现象，经常有人抱怨"现在的人啊一点秩序都没有"，可结果他自己也加入了闯红灯一族。总有人抱怨别人的素质差，可自己呢？我们似乎总愿意抱怨周围的环境如何不好，可是我们也是环境的一员。我们总渴望这个环境被改变，渴望其他人能够改变自己不好的一面，可结果总让人失望。假如每个人都约束好自己，都试图努力改变自己，那么岂不是整个群体也改变了？不要总是想着改变别人，假如自己做得好，你就可以影响别人。不要轻视了自己的力量！

很多问题，主要原因还是在自己身上，你需要从自己身上找原因。父母责备你，你也不要总觉得父母在故意找碴，故意跟你过不去，他们也不是无理取闹的人，要想想自己身上的问题。不要总是从别人身上找原因，也不要总是想着改变别人，其实改变了自己就可能改变别人。与其改变世界，不如先改变自己，改变自己的某些观念和做法，以抵御外来的侵袭。当自己改变后，眼中的世界自然也就跟着改变了。我很喜欢下边几句话，送给你：

也许你不能左右天气，但你可以改变心情；

也许你不能改变容貌，但你可以展现笑容；

也许你不能控制他人，但你可以掌握自己；

也许你不能预知未来，但你可以把握今天；

也许你不能事事如意，但你可以事事尽力；

也许你不能每战必胜，但你可以竭尽全力；

也许你不能决定生命的长度，但你可以拓展它的宽度。

别为自己设限

美国著名心理学家塞利格曼做过一个经典的"习得性无助"实验，他把狗分为两组：实验组和对照组。

试验情境一：先把实验组的狗放进一个笼子里，狗无法从此笼子里逃出来。笼子里安装有电击装置。试验开始后，给狗施加电击，电击的强度能够引起狗的痛苦，但不会伤害狗的身体。实验者发现，狗在刚开始被电击时，拼命挣扎，四处乱窜，大声狂叫，想逃脱这个笼子，但经过数次努力发现仍然无法逃脱后，狗的挣扎程度逐渐降低了，以至于后来无助地趴在地上，不再挣扎，默默地忍受着电击带来的痛苦，原来洪亮的狂吠也变成了低声的呻吟声。

试验情境二：随后，实验者把这只狗放进另一个笼子——由两部分构成，中间用隔板隔开，隔板的高度狗可以轻易跳过去。隔板的一边有电击，另一边没有电击。当把经过前面实验的狗放进这个笼子时，实验者发现狗除了在刚开始很短的时间内惊恐之外，此后一直卧倒在地上接受电击的痛苦。这只狗完全有能力跳过隔板避开电击，但是，它没有做任何逃离和挣扎的行动。

试验情境三：实验者把对照组中的狗，即那些没有经过情境一的狗，直接放进情境二那个笼子里，却发现这些狗不费吹灰之力就都能逃脱电击之苦，轻而易举地从有电击的这边跳到没有电击的那边。

这就是经典的"习得性无助"实验。当你发现无论自己如何努力，无论自己干什么，都以失败告终时，就会产生一种放弃的想法，觉得自己控制不了局面了，即使再努力也可能无法解决问题，于是，精神支柱瓦解，斗志随之丧失。这是一种典型的自我挫败思维，是一种自我设限。我想，你肯定听过类似这样的声音："我不行！""我不是这块料！""我就是学习不好！"……

学习和生活中，很多同学曾经洒过辛勤的汗水，但无论怎么努力，仍然常常失败。一次次的失败，导致他们对此做出了不正确的归因，认为自己天生"愚蠢"、能力不强、不是学习的料，因而主动地举起了白旗。

其实，在很多目标面前，我们常常不是因为事情难以做到，才失去了信心；而是我们失去了信心，才导致了最终的失败。

塞利格曼的实验并没有结束，他与同伴又把实验组的狗放到有隔板的笼子里，用手把这些不情愿动的狗拖过来拖过去，越过中间的隔板以逃避电击。结果发现，一旦狗发现它们的行动对逃避电击是有效的，这个"治疗"就百分之百地有效了。原来，通过学习可以消除曾经习得的无助。

有这样一个故事，也说明了"习得性无助"这一实验的道理：

在一座无人居住的房子外，一只鸟儿每日总是准时光顾。它站在窗台上，不停地以头撞击玻璃窗，每次总被撞落回窗台。但它坚持不懈，每天总要撞上十来分钟才离开。人们猜测这只鸟大概是为了飞进那房间。然而，在鸟儿站立的窗台边，另一扇窗户是大开的，于是人们便得出这样的结论：这是一只笨鸟。后来，有人仔细观察发现那玻璃窗上粘满了小飞虫的尸体，鸟儿每次都吃得不亦乐乎！人们怎么也没有想到鸟儿有如此独特的觅食方式，而人类总是按照自己惯常的思维方式去评判鸟儿的世界。

在学习和生活中，一旦我们形成了某种固定观念，就会束缚住自己的手脚，限制住自己的思维，形成可怕的思维偏见、思维定式，成为我们认识事物的障碍。

请记住：你过去的知识、过去的经验决定了你的思维方式；

你的思维方式决定了你看人的角度；

你看人的角度决定了你对人的判断；

你对人的判断又决定了你对人的态度；

你对人的态度又影响了别人对你的反馈；

而别人的反馈又进一步确认了你一开始的那个判断。

知道还要做到

"坐着不动是永远也赚不到钱的"，知道了却不去行动，是不会有结果的。孩子知道很多道理，他们从来都不喜欢父母和老师的说教，可是知道是一回事，却总是做不到；父母也明白怎么做是对孩子好，怎么做会对孩子成才有利，可就是难以遏制自己的情绪，知道了却做不到、做得少，或者能坚持下来的少。

在"2004年杰克·韦尔奇与中国企业高峰论坛"上，有两千多名中国工商界精英参与，许多人都希望从杰克·韦尔奇那得到"一招灵"式的秘诀。当时有一幕给所有人留下了深刻印象。

有中国企业家问："我们大家知道的都差不多，但为什么我们与你们的差距那么大？"

这位通用电气前总裁、20世纪全球最杰出的经理人一字一句地回答说："你们'知道'了，但我们'做到'了。"

知道了永远是不够的，只有行动才可以把想到的变为现实，也只有做到了才会让你的梦想成真。人性有两大弱点：知而不行和行而不恒。也正是由于无法克服这两大弱点，大多数人无法取得自己设想的成就。

其实学习也是如此，很多同学明显带有浮躁心理，总希望得到"灵丹妙药"，希望一下子"得道成仙"解决自己所有问题。自己不是不知道方法，而是觉得这个方法不是最好的，有时候即使明明知道了方法，又觉得执行起来太辛苦，想找一个省力又最有效果的方法。其实，这些方法可能就是好方法，只不过你只是"知道"却没有"做到"。假如你认真做了，结果可能比你想象的更令人满意。

我举一个简单的例子。很多人都知道做笔记，这是我们在学校都坚持的事情，可一旦离开了学校有多少人还会坚持记笔记呢？现在的人喜欢参加各种辅导和培训，而在这个过程中我们往往要学大量的内容，仅靠听是不可能完成整个学习过程的，除非我们能够拥有一双照相机般的眼睛。听到的东西，过一段时间就会忘记；记了笔记，过一段时间至少我们可以温习，可以让以往的学习内容重现。但这不是应付公事，不能当作任务来做，而应该让其成为自己的习惯。也许起初不易，但时间久了、重复次数多了也就容易了。

习惯帮你实现梦想

养成习惯要么通过外力，要么靠自己的主观意志，如果你意志不坚定就要适当考虑通过外界（父母、老师、朋友等）"强制"帮助，一旦有了成效就会提升你的内在能动性，逐步实现通过自己的主观意志内在力量养成习惯。

我的恩师周士渊老师，是中国习惯养成的践行者、传播者和集大成者，他坚持习惯养成二十多年，发现了习惯养成的秘密，我从周老师的"秘密"中受益良多，现在分享给同学们，让我们一起来实践习惯养成的"四步魔法"。

魔法一：习惯养成的必要性

"毫无疑问，习惯具有莫大的力量，但莫大的力量与我相关吗？"

假如习惯不能和自己关联起来，它的重要性就要打折扣，所以，当你要培养一个好习惯或征服一个坏习惯时，要考虑其必要性。你可以从三个角度思考习惯与自己的相关性：

角度一：如果养成这个习惯对自己有哪些好处？

角度二：如果不养成这习惯对自己有哪些坏处？

角度三：什么时间养成这个习惯对自己的好处大？

另外，你要考虑习惯从哪里来——培养什么好习惯，征服什么坏习惯。你可以从下列角度思考习惯的来源：

来源一：理想和抱负。理想和抱负是我们努力奋斗的动力，有益于实现理想和抱负的事情都是习惯的重要来源。

来源二：目标。当下目标、中长期目标，这些你迫切想实现的目标为你提供了思考的素材，要实现目标你需要具备什么，这也是习惯的重要来源。

来源三：问题、困难、瓶颈和短板。遇到的问题和困难，阻碍你的瓶颈，亟待提升的短板，这些你内心迫切想解决的事情，都是你习惯的重要来源，一旦从中提取了某种习惯，你实施的劲头就会很大。

来源四：增加"回头率"，渴望别人称赞的东西。谁都想赢得别人的认可，获取别人的关注，有助于正向增加"回头率"的事情，也是习惯的重要来源。

记住：那些能帮你赢得迫切想要的东西的事情，就可能是你习惯的来源，它们与你息息相关，养成它们太必要了。

工具十六：我的习惯表格（好习惯表、坏习惯表和待养成习惯表）

好习惯表

序号	好习惯说明
1	随身带书：随身带一本书的习惯，利用空闲琐碎时间从书中获取知识；
2	
3	
4	

坏习惯表

序号	坏习惯说明
1	拖拉：起床、吃饭比较磨蹭，总要被提醒几次才做；
2	
3	
4	

待养成好习惯表

序号	待养成习惯说明
1	自我激励：遇到困难时，对自己说："太好了，机会来了！"
2	
3	
4	

随身携带三个习惯列表，随时查看习惯记录，让好习惯印象更深刻，让坏习惯无所遁形，同时，你也方便从坏习惯中寻找新的好习惯——待养成好习惯，尝试一下吧。

魔法二：习惯养成的可行性

有益的习惯有很多，但未必每个都适合你，习惯的养成也要注意顺序，有些好习惯现在很难养成，但将来又可以养成；有些坏习惯现在很难克服，但将来又能克服。所以，你要考虑要养成的习惯是否可行——现在有益、现在可行。

学习外语很重要，激动之下，养成一天背诵 100 个单词的习惯，可行吗？能一天背诵 100 个单词很正常，但是，今天 100，明天 100，好家伙！ 10 天就是 1000 个，厉害啊！可是能长久吗？别忘了记忆是有遗忘的，为了防止遗忘那就要复习，10 天后每天复习的单词也有好几百个，你觉得坚持下来的可能性有多大？记住：习惯最怕激动，最怕心血来潮，冰冻三尺非一日之寒，能坚持 21 天吗？

考虑可行性，我们可以借鉴"精灵原则"——SMART 原则：

Specific：习惯要具体化。"我要锻炼身体"，可什么才是锻炼身体，跑步、打篮球……你要具体些。

Measurable：习惯要数字化。"我每天跑步锻炼身体"，跑步可以，你要跑多远，跑多久，最好有一个具体的数字。

Attainable：习惯的门槛不要太高，要易于实现。"我每天背诵 100 个单词"，不错，可问题是能坚持多久。开始的数量不要太多，如果对英语兴趣小，那就每天背诵 3 个单词。

Relevant：习惯要符合自己的实际，具有相关性。"我每天 5 点钟起床跑步"，你每天都学习到 12 点了，再 5 点起床跑步，能坚持多久？下雨、下雪还出得来吗？养成习惯的行动一旦中断两三次，就可能荒废掉。

Time-based：养成习惯要考虑时间。什么时候开始培养习惯，什么时候养成习惯，你要考虑习惯养成的时间期限。

如果习惯既必要又可行，实施起来就会节节胜利，你的劲头就会越来越大，情绪也会越来越高涨；相反，如果仅有必要性，却不可行，一旦遇到挫折，问题暴露了，你就容易放弃，进而影响你的自信心，以致放弃。

魔法三：习惯养成的策略性

当习惯既必要又可行，就要付诸行动，下面介绍习惯养成的一些策略：

策略一：关键是"少"和"小"。

少：从总体战略而言，每个阶段培养习惯，要讲究一个"少"字，不要贪"多"。

不要想着一口气养成好多习惯，要一个一个来，集中兵力逐个养成，一旦养成或征服一个，兴趣就大了，劲头也就足了，就容易接二连三地养成，形成良性循环。

小：从具体战术而言，每个习惯开始培养时，要讲究一个"小"字，不要贪"大"。习惯养成之初，注重从容易处、细处着手，一口气背100个单词不容易，可是5个、10个还是容易的；每天抽出一个小时锻炼不容易，可是5分钟原地舒展下筋骨还是很容易的。

策略二：注意"开头关"，关键是前3天。要中彩票，必先买彩票，你必须走出第一步，记住：习惯养成的前3天很重要。俗话说"不管三七二十一"，认真前3天，之后是一星期，如果一星期后还能兴趣盎然，那就努力坚持21天——行为主义心理学认为，一种行为重复21天就会初步形成习惯，重复90天会形成稳定的习惯。

策略三：从容易处着手。养成一个新习惯意味着改变自身的"状态"，有一定的难度，所以要从容易处着手，不要意气用事，不要逞能，从容易的开始，从容易处开始。

策略四：逐个击破。左右开弓很酷，但不是每个人都能。要善于聚焦，从一点开始突破，千万不要着急，先从众多习惯中挑出一个，全力盯住它、对准它，这样就很容易成功。

策略五：循序渐进——迈小步，不停步。一口吃不成胖子，路要一步一步走，养成习惯更是如此，注重"少"和"小"的结合，小进步，不停步，进入良性循环，养成一个又一个好习惯，从而不断超越。

策略六：从好习惯开始。每个同学身上都有坏习惯，我们也想克服坏习惯，但坏习惯不容易克服，它不是一朝一夕产生的，而是几年甚至十几年逐步形成的，如果一开始就针对坏习惯，很容易碰上钉子，遭遇打击后我们很容易对克服坏习惯失去信心。相比之下，养成一个好习惯则要容易得多，而且养成了好习惯并不妨碍克服坏习惯；相反的，好习惯养成得多了还有助于坏习惯的克服。比如，有些同学有痴迷游戏的习惯，可是一旦养成了阅读的习惯，就会挤占玩游戏的时间，当阅读习惯占"上风"时，便有利于克服痴迷游戏的习惯。

策略七：好习惯加法，坏习惯减法。这是著名儿童教育专家孙云晓和著名心理学家张梅玲教授大量研究后发现的一种重要策略。培养好习惯用加法，假如让一个不读书的人养成读书的习惯，可先从小说、杂志、评论开始，然后再是一些理论性较强的书籍。如果上来就是《资本论》《微积分》，那就麻烦了。克服坏习惯用减法，比如克服"网瘾"，让你一下子就戒掉很难，但是可以一天一天减少上网时间，这样成功率就会高些。当然，你也可以通过养成坏习惯对应的好习惯，帮助克服坏习惯。比如，要养成利用零碎时间的好习惯，就可以从养成随身带一本书的习惯开始，一旦有空闲，就可以拿出书看两眼。因此你想克服某个坏习惯时，就可以把它转化为一个或几个相应的好习惯，养成好习惯总比克服坏习惯容易些，这样克服坏习惯也就容易多了。

策略八：注意时常提醒、监督和检查。养成习惯的过程要时常提醒自己，看看是否做到了每天的要求，是否达到要做的量，一旦走错了方向，要马上纠正。

魔法四：习惯养成的操作性

工欲善其事必先利其器，养成习惯还要考虑适合自己的"工具"。建议各位同学参考下边的"习惯养成说明表"和"习惯养成日志"，自己动手用 A4 纸或笔记本纸制作属于自己的习惯养成"工具"。

工具十七：习惯养成利器——"习惯养成表"
待养成习惯的说明：
习惯养成开始时间：
习惯养成结束时间：
习惯量化说明:(每天要做什么，坚持做多久，譬如每天记 20 个单词;做的时间安排，可以固定某个时间段，也可以是零散的)

工具十七：习惯养成利器——"习惯养成表"

习惯养成日志

（说明：7天为一轮，鉴于纸张空间下边只列举了3天；每日的"提醒""监督""做到"下边分别打"√"或"×"，"√"表示当日提醒了、监督了、做到了，"×"则表示没做到。）

第一天 ____年____月____日			第二天 ____年____月____日			第三天 ____年____月____日		
提醒	监督	做到	提醒	监督	做到	提醒	监督	做到
今日反思：			今日反思：			今日反思：		

说明："今日反思"中可以填写自己没有做到的原因，或者做到的收获，尤其是要思考没有做到的原因。

后记
我正在发起全国"学会自己长大"行动！

感谢你能读这篇文字，《学会自己长大》从 2012 年诞生至今已经走过 5 年时间，帮助了上百万读者。在和上万名同学交流后，我重新定位了"学会自己长大"，从一本书成为一套书；从成长七类困惑的解读，到青少年更好地学习和成长，陆续从自主学习模式、批判式思维方式、问题解决方式、互联网学习、时间管理、青少年感情问题等具体方面入手，更好地帮助青少年学习和成长。

读书只是一部分，如何更好地帮助大家成长进步，如何让书籍的内容转化为自己的能力，不能仅停留在知道层面，还要做到！书籍解决了知道的层面，做到还需要一个环境、一群彼此交流的伙伴。为了更好地帮助大家"知道"——思维方式的改变，又要帮助大家"做到"——一起行动，于是，我决定在全国发起"学会自己长大"行动！

为此，我开启了 32+ 城市、100 ＋学校、100000 ＋人次的全国公益讲座，发起"学会自己长大"活动，这次活动包含 5 个方面内容：

·分享"自主学习模式"，帮助更多同学学会思考和学会学习；

·发起"学会自己长大"有书共读，一同阅读和实践《学会自己长大》，把书籍中的思考和方法应用到实践中；

·帮助更多同学建立"学习型小组"，创建学习型环境，互帮互助；

·分享公益理念，推动公益事业，让每一个家庭知道公益背后的逻辑，倡导青少年家庭积极参与公益；

·分享那些可敬可佩的事迹，看社会上那些为理想和人类不断坚持奋斗的人在做什么。

社会有很多问题，需要靠社会责任解决，特别是公益组织。我们看到很多关于公益组织的负面消息，但那是极少部分，绝大多数公益组织都在努力地做着推动社会进步的事情。公益不是简单地给人钱和物资，那些需要帮助的人是因为还处于弱势群体，需要社会的帮助，然后，当他们成长了再回馈给社会帮助其他人。公益不仅仅是捐钱，它是一个系统工程，需要每个人参与。拥有公益之心，明白公益的逻辑至关重要。

感谢李莉阿姨（原国家统计局财政司副司长，离退局局长），感谢"青爱工程"（中国青少年艾滋病防治教育工程）北京青爱教育基金会张银俊理事长，我很荣幸能够参与到公益事业中来。这些年我一直在身体力行，这次"学会自己长大"行动，就要不断分享公益逻辑，让更多人知道"青爱工程"——《学会自己长大》书籍每销售1本，我都将捐赠5毛钱给"青爱工程"，我希望通过我的声音和分享，让更多人了解公益、参与公益。

特别感谢袁隆平院士、黄明安院长，他们的研究、理想和精神，是我坚持做教育的动力。很难想象像袁院士这样"功成名就"的人，在87岁的年龄还坚持在一线，为人生第三个梦想"海水稻"梦在奋斗；黄院长80岁的生日我送了一份描绘他的经历的手绘册子，而今他82岁高龄，还在柬埔寨种水稻，帮助东南亚人民种超级水稻。像两位老前辈一样的砥柱还有很多，2018年北大120周年校庆，我也正在参与，采访毕业于北大的中流砥柱；2019年是"五四"运动100周年，我不想谈北大培养出了多少企业家、多少政界明星，我只想重拾社会责任，帮助更多人学会批判式思考，更好地对待学习和成长。

希望你能参与"学会自己长大"行动，也许，现实生活中你的学习环境一般，但这里有很多正在努力奋斗的伙伴；也许，现实中没有人理解你，但这里有很多志同道合的伙伴！学会自己长大，从自己开始！

我正在全国做"学会自己长大"的公益讲座，也欢迎各个学校、机构邀请我做分享，如果您想邀请我做讲座分享，请加我的微信号：iheyunfeng，我希望能够为更多人分享我的研究，帮助更多人学会自己长大！

扫码关注"青爱工程"，参与公益支持

工具一：帮助认识自己的"自我评价表" — 011

工具二：帮助解决问题的"问题选择表" — 014

工具三：帮助认识自己的"自我评价表" — 023

工具四：人生价值思考表 — 032

工具五：提升个人优势的"激励表" — 033

工具六：困惑思考表 — 048

工具七：自我反思七步法 — 049

工具八：60 秒内消除紧张和疲劳 — 084

工具九：反刍——5 分钟反刍和睡前反刍 — 084

工具十：时间记录表 — 130

工具十一：探究价值观的问题表 — 131

工具十二：同伴矛盾分析解决表 — 177

工具十三：和老师说说心里话 — 199

工具十四："早恋"思考表 — 216

工具十五：恋爱自省表 — 234

工具十六：我的习惯表格 (好习惯表、坏习惯表和待养成习惯表) — 272

工具十七：习惯养成利器——"习惯养成表" — 275

致谢

《学会自己长大》出版至今 5 年多了，感谢所有阅读本书的读者，因为你们的支持才使我坚持到今天！

感谢长江文艺出版社尹志勇社长的大力支持，感谢我的编辑团队，没有你们的督促，不会有这本白金版的《学会自己长大》！这次我修改和新增了 3 万字，同时，加入了可视化的尝试，希望给大家带来更好的可读性，感谢 @ 陶图图插画（微博）为本书配图！

这是一次全新的开始，也是我人生最重要的一次改变，我希望为大家带来更多关于学习和成长的内容！这是一本有声音的书籍，感谢喜马拉雅的小王子，帮我在喜马拉雅录制《学会自己长大：让青春不再迷茫》的音频，希望我的声音能一直陪着大家，听一种声音找一种力量，获得一种温暖，在学习和成长路上你不孤单，我们一路同行！

感谢我的家人和朋友在我最困难的时候不离不弃的支持，我经历过很多挫折也得到过很多帮助，所以特别理解在迷惘和困难时渴望得到别人指点和帮助的心情。也正是有了这些经历才坚定了我的梦想——帮助更多人学习和成长，学会自己长大，成为幸福的人！

大幕开启，感谢所有阅读本书和未来的《学会自己长大》系列书籍，希望每个人的青春都有一个属于自己的"学会自己长大"，我们聚在一起，总有一天会成长为渴望的样子！

在信息爆炸的互联网时代，唯有学会思考，学会学习才能更好地适应时代的发展，云峰在《学会自己长大》中跟大家对话成长的各类困惑，教大家学会面对问题和分析问题，最终能够解决问题学会自己长大，每个人的青春都有一个《学会自己长大》。

——李莉（原国家统计局财务司副司长，离退局局长）

人要有追求，作为年轻人特别要学会自己成长，不断学习和进步，成为最优秀的自己，为祖国和社会做贡献，云峰的《学会自己长大》值得每个愿意成长进步的同学们一读！

——黄明安（原海南省农科院院长，杂交水稻专家，现在东南亚推广超级水稻，80多岁的追梦老人）

每个人的青春都有一个《学会自己长大》，云峰师兄是青少年的知音，帮他们在迷茫和困惑中找到方向。

——李存峰（北京大学校友会信息部部长）

跟云峰师兄很多年的朋友了，从事教学这些年，越发觉得自主学习的重要，自己是一切的根源，很多问题不是知识点的问题，而是我们如何对待成长中的困惑，这本书帮助更多青少年走出迷茫！

——姚俊宇（毕业于北京大学法学院、大得传习创始人）

终于看到云峰兄继续完成这套书了，关于青少年的学习和成长，这是我必须推荐一读的，特别喜欢听他分享，有机会千万不要错过！

——聂鑫（毕业于伦敦大学学院教育研究院，现任职于北大附中，未来学校项目成员）

成长最重要是心智的成长，即我们的思维模式，在成长路上会遇到很多问题，就看我们如何面对问题，如何分析和解决问题，这本书有你最需要的，值得一读！

——刘芮辰（毕业于美国哥伦比亚大学教育学院，ThinkX 极思创始人）

《学会自己长大》给了我们一种新的视角，自己是一切的根源，如何应对成长中避不开的七类问题，请阅读本书！

——郭鑫悦（毕业于美国哥伦比亚大学教育学院，交互空间创始人）

我们一致做线上一对一辅导，我们大量数据反映学生的学习问题跟知识点学习有关系，但更跟一个人的思考方式相关，和博士这套书有中学生学习和成长所需要的内容，非常值得一读。

——张翼（毕业于上海交通大学，掌门 1 对 1 创始人，专注为全国中小学学生提供一对一定制化在线辅导）

和博士的经历让他更能看到青少年的问题，他是大家学习和成长路上的好导师，成长中避不开的问题，看他如何分析，值得你阅读！

——熊丹（爱思熊教育创始人、致力于提供优质海外教育资源）

很佩服云峰兄的博学和学习能力，这套书是他多年教育研究和跟上万名同学交流的成果，如果你有成长困惑，这套书必读！

——马奕卿（毕业于北京科技大学，新华都 MBA，编程小子创始人，专注 4~13 岁青少年编程教育）

作为村长的好朋友，我在他身上看到让我汗颜的坚持，他的故事和经历值得你了解，关于学习和成长，你值得向他学习，学会自己长大，从本套书开始！

——木子玲（青年人气作家，代表作《凰图》《凤凰于飞》）

图书在版编目（ＣＩＰ）数据

学会自己长大：白金修订版 / 和云峰著. -- 武汉：
长江文艺出版社，2017.11
　ISBN 978-7-5354-9869-4

　Ⅰ. ①学… Ⅱ. ①和… Ⅲ. ①青少年－人才成长
Ⅳ. ①D432.62

　中国版本图书馆 CIP 数据核字(2017)第 191439 号

责任编辑：刘兰青　　施柳柳　　　　　　责任校对：陈　琪
封面设计：漠里芽　　　　　　　　　　　责任印制：邱　莉　　胡丽平

出版：　长江出版传媒　　长江文艺出版社
地址：武汉市雄楚大街 268 号　　　　邮编：430070
发行：长江文艺出版社
电话：027—87679360
http://www.cjlap.com
印刷：中印南方印刷有限公司

开本：720 毫米×1020 毫米　　　1/16　印张：18.5　　插页：1 页
版次：2017 年 11 月第 1 版　　　　　2017 年 11 月第 1 次印刷
字数：253 千字

定价：39.80 元